名古屋カフェ散歩

喫茶ワンダーランド

川口葉子

祥伝社黄金文庫

もくじ

2章　カフェスイーツとカフェごはん

3章

喫茶店今昔物語

4章

朝から晩までモーニング

5章 時には人生はカップ一杯のコーヒーがもたらす暖かさの問題

column

photo 川口葉子
design 五十嵐久美恵 pond inc.
dtp キャップス
map 林雅信 Lotus

はじめに

ヰタ・ナゴヤアリス

名古屋の人が観光客に決まって言うのは「名古屋には観光するところなんてないでしょ」という定型文である。

「つまらない街なんです」「『名古屋飛ばし』って知ってる？」などと口にする。

自嘲的な物言いの習慣はいつから始まったのだろう。地元の作家、小酒井《こさかい》不木《ふぼく》が随筆『名古屋スケッチ』の中で指摘したのは一九二八年のことだ。

「われとわが身を悪く言う癖も、名古屋人間の無くて七癖の一つかも知れぬ」

しかし、じつは名古屋の自虐定型文には続きがある。「暮らしやすく、住むには最高の街」というのだ。やや屈折したプライド。

私が初めて名古屋の街を歩いたのは、日本がまだ好景気だった時代のこと。会社の新入社員として、名古屋支社での二カ月間の社内研修を命じられた。課長は東京から来た新人二人に向かって、冒頭の定型文を述べた。

「名古屋には若い女性が遊ぶようなところがなくて退屈でしょ」

たしかに喫茶店は夕方六時にはほぼ閉店してしまうし、当時はまだお酒の楽しみを知らなかったから、平日の夕方に行ける場所が思いつかなかった。地下街から大名古屋ビルヂングを通り抜けて小ぎれいなホテルに戻ると、もうひとりの新人は毎晩のように東京の恋人と長電話をして、私はひたすら本を読んでいた。

耳が凍りつきそうな二月の日曜日、二人で東山動物園に出かけてみた。色のない空の下、カン、カンという規則正しい金属音が聞こえてくる。近づいてみると、飼育舎から出されたヤマアラシが鉄製のドアにひたすら頭を打ち付けていた。永遠に続きそうなその頭突きを眺めているうちにしみじみと気が滅入《めい》ってきて、私たちは檻《おり》の前を離れた。

二〇〇〇年以前の名古屋には、そんな思い出しかない。

その後、三つの段階を経て、私はすっかり名古屋の魅力に目覚めてしまうのだが、「いったいどこを好きになったの？」と、東京の人も名古屋の人も好奇の目で見てくるのが少し腹立たしくもおかしい。

名古屋好きへの第一段階は、二〇〇〇年代前半に始まった。九〇年代後半に始まった新スタイルのカフェ流行のビッグ・バンは名古屋にも到達し、カフェや自家焙煎コーヒーのお店が街角に登場しはじめていた。

当時、素敵な自家焙煎カフェがあると聞いて迷子になりながら訪れたのは、本山にあったMilou。可愛い雑貨が並ぶカウンターには小さな紙片が貼られ、「豆を選別しています。べつにいじけているわけではありません」と書いてあった。カウンターの中で黙々とハンドピック作業するオーナーの姿が、フロアからはうなだれているようにしか見えなかったのだ。

数年後にはCOFFEE KAJITA*を訪れて満席のカウンターでコーヒーとケーキを楽しみ、帰りがけにお店のロゴ入りの洒落たコーヒー保存缶を購入した。MilouとKAJITAがあるならば名古屋を許して（？）あげましょうという気持ちになっていた。

第二段階は二〇一〇年代前半。短い名古屋滞在のテーマは毎回、伝統的な喫茶店と新しいカフェの二本立てだった。すでに愛知万博を契機として、東海エリア特有の喫茶文化は大きな注目を集めており、コメダ珈琲店も東京進出を果たしていた。

ボンボンを皮切りに、ライオンやエーデルワイス、ツヅキといった純喫茶を訪れたり、常軌を逸したメニューで知られる喫茶マウンテンに登頂を試みて、ほんの数口で遭難したりする日々。クオリティの高いカフェも多くなり、「名古屋には観光するところなんて……」というくだんの定型文に対し、「喫茶観光を楽しんでいます」と返すことを覚えた。

そして第三段階は二〇一八年の秋。ブックサロン「colonbooks（コロンブックス）」との出合いが、この街への親近感を決定的なものにした。

コロンブックスは国の登録有形文化財に指

*228ページに掲載。

定された日本陶磁器センターの一室にある。白壁の廊下にも、室内の細長い窓にも歳月を重ねてきた建物ならではの陰影が漂い、足を踏み入れるだけで静かな喜びを感じる。

二〇〇〇年のオープン当初は和洋、新旧の稀少なアートブックを集めたブックギャラリーで、全国からアート好き、本好きが集まる有名店に成長したが、二〇一〇年から予約制のブックサロン、及び本作りのアトリエに変わり、現在はイベント開催時だけ営業している。

コロンブックスをスタートしたのは、アートディレクター、グラフィックデザイナーとして活躍し、数々の美しい本を世に送り出している湯浅哲也さん。COFFEE KAJITAの洗練されたロゴやポストカード、商品のパッケージは、すべて湯浅さんがデザインしたものだった。

「梶田夫妻は二十代の頃からの友人で、コロンブックス初期のイベントでは、開業前の二人にケータリングをお願いしていたんです」

もともとコーヒー好きな湯浅さんのカフェとのご縁は、それだけではない。本書でご紹介するcafe OPLA!、珈琲門、喫茶クロカワのショップカードは湯浅さんが手がけたもの。いずれも豊かな個性と魅力を放つお店だ。

カフェの空気感を一枚の小さな紙片に凝縮させ、文字や手触りで伝えるそのデザインは、凛《りん》として清々しく、時にはさりげない遊びを潜ませて心を惹きつける。

独立前は印刷会社に勤務し、紙から印刷物へと仕上げていく職人仕事を見てきた湯浅さん。本作りのすべての工程をひとりで行ないながら「自分は本になるまでの大きな流れの一部です」と言う。表に名前が出ない無数の人々——たとえば紙やインクを作る人たちへの敬意を胸に、引き算のデザインをしながら、ページの細部にまで作者の想いをのせた一冊の本として結晶化する。

そんな本作りを続ける人がいて、本とアートをめぐる文化があり、素晴らしいカフェがある都市を、どうして好きにならずにいられましょう。

名古屋はカフェと喫茶店をめぐる旅をするにふさわしい街。自信をもってそう薦めることができる。この本が楽しい散歩の道連れになりますように。

金木犀の香る朝、東京にて

川口葉子

Special Thanks :
レイガス
Teruyo Kino

1章 カフェ＋somethingの現在形

3+ トロワプリュス

1　ラ・メゾン・デ・レギューム　八事

半袖を着た五月の朝。まばゆい空を見上げると、金色の光の微粉が無数に舞っているのが見える。素敵なカフェに出合える予感は、このブルーフィールド内視現象と呼ばれる光の粉に似ているかもしれない。

地下鉄八事《やごと》駅から地上に出て、ゆるやかな坂道を歩き始める。名古屋の人は八事という地名を聞くと幾つもの大学キャンパスや古くからの高級住宅街を思い浮かべるそうだが、目指すカフェも高台の落ち着いた住宅街にあり、八事のイメージに似つかわしかった。

「ラ・メゾン・デ・レギューム」は緑豊かな庭を持つ築三十年の一軒家。玄関に入ったとたん、ふわりと幸福な家の空気に包まれた。視界に入るのは美しいものばかり！　この日は陶芸家である青木良太さんの企画展の期間中で、一階、二階の各部屋に作品が並び、アンティーク家具や小さなアート作品、白い花などと共に独特の詩情を漂わせていたのだった。

ラ・メゾン・デ・レギューム　map...p284-no.15
名古屋市天白区表台154　TEL052-832-3738
open 11:30〜18:00　close 日月火
地下鉄八事駅より徒歩14分　駐車場4台

METROPOLITAN OPERA HOUSE
GRAND OPERA
LIBRETTO
SAMSON ET DALILA

にこやかに迎えてくれたのはパティシエの松田知子さんと、テーブルコーディネーターとして活躍する母の都木早苗さん。以前は早苗さんの両親が暮らしていた家を改装し、二〇一四年にギャラリーカフェとしてオープンした。月のうち一週間はテーブルコーディネート教室を開催するほか、五節句の室礼《しつらい》などを学ぶ日本文化のセミナーや金継ぎ教室を開いているそうだ。

見晴らしのいい二階の洋間は「父の書斎だったんです」と早苗さん。この部屋でゆったり読書の時間を楽しむお客さまも増えているそうだ。

メニュー　コーヒー650円、ジャスミンティー650円、タルト・オ・シトロン500円、バスクチーズケーキ550円、アフタヌーンティー（予約制）

奥には土壁の和室が続き、床の間に端午《たんご》の節句の飾りが見える。日本の古い家具と英国アンティーク家具、作家の器と伝統行事の室礼を組み合わせた優美な空間に見とれて、「センスはどうやって磨くのですか？」と早苗さんに訊ねた。

「朝の散歩が大好きなんです。いま自然の中にどんな色があるのか。まずそれを知らなければ季節感のあるテーブルは作れないでしょ。美術館にもよく行きます」

いただいたスイーツにも五月の色や香りがちりばめられていた。地元産オーガニックレモンを使ったタルト・オ・シトロンと、青木良太さんの企画展に装いを合わせたマンゴープリンのそれぞれに、うつぎの花や枇杷《びわ》の葉が添えてある。

「季節のお花、それもなるべく庭の花を欠かさないようにしています」という知子さんは、レストランのシェフとして活躍するご主人と数年間NYで暮らしていたそうだ。

ここには多様化するカフェのスタイルの、ひとつの完成形がある。借りものの物語ではなく、三十年分の家族の物語が家と庭に記憶されていること。安心して食べられる素材を使ったお菓子。暮らしを楽しむヒン

トと、その土台となる日本の伝統文化を発信していること。

書架の片隅にクートラスの本を見つけた。ふっと、以前東京にあったカフェCの記憶の断片が降ってくる。都市再開発で消滅してしまったCには、この画家の作品が飾られていたのだ。画家が毎晩一枚ずつ描いた、魂をのぞきこむようなカルト＊。

カフェの記憶は積もっていく。空に光の粉が舞うのが見える窓辺で二人とクートラスの話をしながら、いつかどこかで再びカルトを見かけたら、Cとこの高台の美しい一軒家を思い出すのだろうと思った。

＊クートラスがトランプほどの大きさの紙片に描いた油絵作品。

ザ ショップ じゅうにかげつ　map…p280-no.04
名古屋市中区上前津1-3-2　TEL 052-321-1717
open 10:00～19:00　close 無休
地下鉄上前津駅より徒歩1分　駐車場なし
※移転のため閉店

2

THE SHOP 十二ヵ月

上前津（移転のため閉店）

名古屋のギャラリーカフェの先駆け的存在。くちなし色の暖簾《のれん》をくぐると右手に全国の作家の器を扱うギャラリー、左手にカフェスペースがあり、つややかな米松《べいまつ》のカウンターが延びている。

あれは十年ほど前のこと。「抹茶コーヒー」を飲みながら、オーナーの柿沼ひとみさんにその日の街歩きで感じた疑問を何気なく投げかけたことがあった。

「抹茶を使ったスイーツをよく見かけますが、名古屋の人は抹茶好き？」

「名古屋では江戸時代に茶の湯が盛んになって、庶民にも抹茶を点《た》てて飲む習慣が広く浸透したんですよ。それが残っているんでしょうね」

また県内には日本有数の抹茶の生産地、西尾がひかえている。なるほど、抹茶は歴史を通してつねに名古屋人のすぐそばにあったのだ。

「十二ヵ月」は一九九六年に開店した。インテリアデザインの仕事に携《たずさ》わってきた柿沼さん夫妻は、自ら店舗設計を手がけるにあたり、日本人が継承してきた和

メニュー　コーヒー各種 500 円〜、コーヒーゼリー 700 円、季節のケーキ・セット 880 円〜、自家製スモークチキンサンド・セット 1200 円

の空間の居心地の良さと、流行に左右されないシンプルさを大切にしたそうだ。洗練された印象は十年ぶりでも驚くほど変わらなかった。進化したのはコーヒー。五年ほど前から夫の柿沼久仁彦さんが自家焙煎を開始し、メニューにスペシャルティコーヒーを加えて産地ごとの個性を楽しめるようにしたのだ。焙煎機はデンマークデザインが光るAillio Bullet。

「デザインの仕事とコーヒーの共通点は、作り手による十人十色の表現があること。それが好きか嫌いか、お客さまに判断していただく世界です」と久仁彦さん。ひとみさんが「お店の根底にあるのはひとつだけ」と続ける。

「暮らしを大切にするためのヒントをご提供したいんです」

私が注文したドミニカ・プリンセサは、名古屋生まれの作家、内田剛一さんのカップに注がれた。コーヒーの味の印象に合わせてカップを選ぶのだという。

「器を育てることは自分を育てること」

ひとみさんの言葉に心惹かれて、ギャラリーに並んでいた地元の作家、野田里美さんの銀彩皿を買いもとめ、日々使いながら銀彩の経年変化を楽しむコツを詳しく教えていただいた。さあ、どんなふうに育つだろうか。

3

THINK TWICE

大須観音（閉店）

カフェはどのように街に記憶されていくのだろう。都市が絶え間なく変化を続け、カフェを作る人々も移動していく中で、二〇一〇年代の名古屋のカフェ文化を牽引《けんいん》してきたクリエイティブ集団、MAISONETTE《メゾネット》inc.の出発点となったこのビルも、二〇一九年になってまた新たなスタートを切っている。

大須観音駅と伏見駅のちょうど真ん中、公園に面した古いビル。白い塀のライトの上で小さなアルファベットが店名を告げている。以前はそこに「re:Li《リリ》」と書かれていたのだ。

re:Liはメゾネットが最初に開いたカフェ。「日常の中の特別」を掲げ、クオリティの高い健康的な食事と、一階、二階を使ったセンスのいい空間で人気を博していた。「THINK TWICE」はその三階に作られたセレクトショップである。

二〇一八年、星が丘に新たな飲食店*を開くためにre:Liがクローズし、三階のTHINK TWICEが一階に降りてきて、カフェカウンターを持つライフスタイル

＊TT″a Little Knowledge Storeのこと。138ページに掲載。

シンクトゥワイス　map…p279-no.03
名古屋市中区栄1-25-5　TEL 052-265-6139
open 14:00〜22:00　close 不定休
地下鉄大須観音駅より徒歩8分　駐車場なし

ショップとしてリニューアルオープンしたのだ。
ゆったりと余白を持たせた空間の三面に窓があり、自然光と植物の緑が揺れている。並んでいるのはデッドストックの食器を中心とした生活の道具たち。ディスプレイのしかたが面白くて見飽きない。
「空間作りにはギミックを入れるようにしています」と、ショップが三階にあった時代から店長を務める永田卓也さん。商品のセレクトからカフェのお菓子作り、接客まですべてひとりで担当している。
「重厚なものとプラスティックを一

メニュー　コーヒー450円、薩摩紅茶500円、ビール600円、ババロア500円、オリーブオイルのケーキ450円

緒に置いてみたり、安いものを高価そうに飾ったり。一種の遊びですが、お客さまに『こういう使い方もありなんだ』とアイディアを提供できれば嬉しいですね」

それが「再考する」という店名の意味するところなのだ。ものを選ぶときに作家の手仕事だから素敵、量産品だから駄目、という二択ではつまらないと永田さんは言う。

「たとえばプロが厨房で使っているスタンダードな器具が、一般の人にも別の用途で使いやすかったりすることがあるのでは？　そんなふうに新たな用途を考えてみようというの

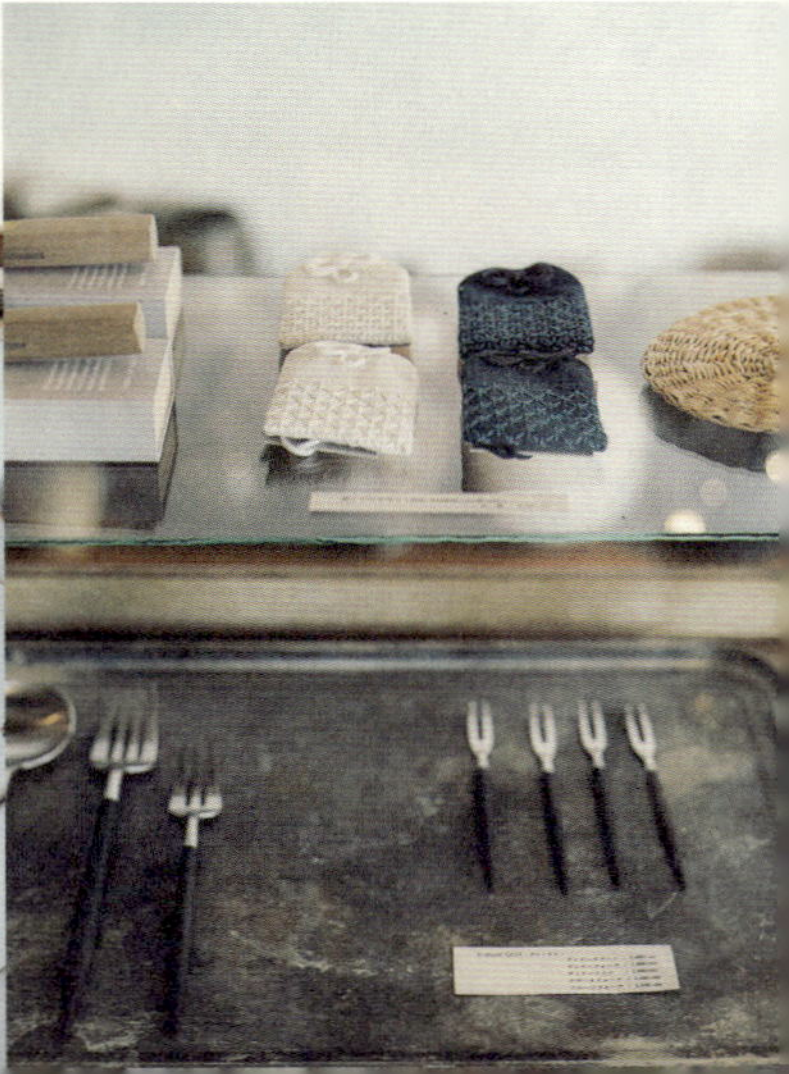

が『THINK TWICE』です。提案、というほどではないのですが」と永田さんは慎重に言葉を選んだ。

時には古い製陶所を訪れ、昔は量産していたが現在は需要が減って片隅に眠っているものを見つけてくることもある。可愛いうぐいす徳利もそのひとつ。本来は絵付けをして酒蔵の名前を入れるのだが、白い釉薬《ゆうやく》のまま転がっていたそうだ。確かな眼さえあれば、あらゆる雑器を再発見できるのかもしれない。

幅が広くて落ち着けるカウンターに座り、オリーブオイルのケーキとコーヒーをいただいた。コーヒー豆はre:Liから引き継いだ地元の老舗《しにせ》「ミスズコーヒー商会」の深煎りブレンド。季節のソースを添えたババロアも人気だ。

お客さまは大人と若い人が混在しているという。

「こちらのタイミングをうまく見計らって『ドリップが終わったらお会計お願いね』と声をかけてくれる年輩のかたがいて。隣でそれを見ていた若い人が自分でも真似てみる、そんな光景が素敵だなと思います」

いいカフェにはいいお客さまがいる。階段横の白い壁に残された「2F re:Li」という文字を眺めながら、そんな確信を深めたのだった。

4

NO DETAIL IS SMALL

国際センター

時代を重ねた家々が軒を連ねる四《し》間道《けみち》の路地に、うなぎの寝床のように細長い建物がある。空間の二階は建築設計事務所。一階はその事務所が手がけたオリジナルノートとスペシャルティコーヒーのお店。とびきりユニークな体験が楽しめる。

もちろんコーヒーだけでも利用可能で、炎天下を歩いてきた私は、炭酸の透明な泡が弾けるコーヒートニックで生気を取り戻した。ふう。

建築家とデザイナーとして活躍する店主、矢田夫妻は自宅でも仕事場でもコーヒーを愛飲してきた。

「高品質なコーヒーと向き合うに

ノー ディティール イズ スモール　map...p274-no.01
名古屋市西区那古野1-24-2　TEL 052-485-8467
open 11:00～18:00　close 月火
地下鉄国際センター駅より徒歩7分　駐車場なし

メニュー　本日のコーヒー各種500円〜※抽出方法が選べます。
コーヒートニック600円

は、一ミリの違いを見つめるような細やかな気配りや、丁寧な仕事が不可欠。私たちのモノづくりにも共通するところがあり、『細部にこだわる』を意味する店名に決めました」

ノートを主役にしたお店を始めたのは、岡崎市の老舗文房具店の設計を手がけた際に、万年筆にこだわる人は多いのにノートはそれほどでもない、と知ったのが一因だそう。

わくわくしながらノートを注文する。表紙、中用紙、リングを自由に選んでその場で製本していただき、五分ほどで完成！　黒革の表紙のスタイリッシュな一冊、自慢したい。

5

3＋トロワプリュス　車道

地下鉄車道駅から地上に出て、この大通りは観光散策者にとってはあまり面白みがないかしら……と思う間もなく、目指す三光ビルに到着してほっとする。

ビルの内部に入ると世界が一変！　一階はアートギャラリー、二階は美術や写真の古本を扱う書店、そして三階がカフェを併設したアンティーク店「トロワプリュス」。琥珀《こはく》色の灯の下に、オーナーがフランスやイギリスで買い付けてきた古いものたちが陰影を滲《にじ》ませて並んでいた。パリの薄暗いパサージュでいつの間にか秘密の蚤《のみ》の市に紛れ込んだような錯覚に陥り、胸がときめく。

奥のカフェに入ると、少しテイストの異なるものに囲まれる。英軍の中古椅子やテーブルは簡素で無骨な印象。でも不思議なことに、ミリタリー家具と繊細なアンティーク雑貨の取り合わせに違和感がない。

「男性がやっているお店だと思われることも多いですよ」と笑うオーナーの小川倫恵子さんがこの魅惑の宇宙の造物主だ。

3＋トロワプリュス　map...p280-no.05
名古屋市東区葵2-3-4 三光ビル3F　TEL052-937-3223
open 12:00～19:00　close 火＋第3水
地下鉄車道駅より徒歩2分　駐車場なし

陽光をはらんだカーテンの向こうに植物の緑がさらさらと揺れている。腰をおろし、季節ごとにアレンジの変わるチーズケーキと、フランスの紅茶パレデテを注文した。ケーキやジャムは小川さんのお母さんの手作りだという。

「古いものを好きになったのは自然ななりゆきでした。曾祖父がアンティーク好きで母もその影響を受け、実家ではいつも当たり前にアンティークを使っていたんです。母は人形作家で、私よりもう少し可愛いティストが好みですが」

高校時代には自分でも古い雑貨を

集め始めたそうだ。カフェの入口に置かれた、いつかモノクロ映画で見たような郵便物の仕分け棚は、小川さんが学生時代に購入して自宅で使っていたもの。棚のそれぞれに英数字がぎっしり綴《つづ》られた古いノートのページや葉書が挿してある。

「きれいな文字の書いてある紙が大好きです。丁寧に清書された書類は額装しても映えるんですよ」

その書類にはどんな内容が書かれているのでしょうか？

「あまり気にしないですね（笑）。いつもテーマを決めずに買い付けに行って、好きなもの、目に留まった

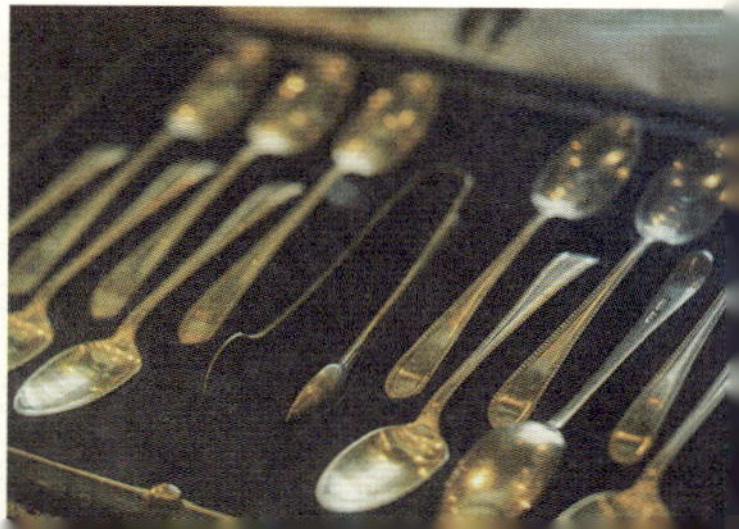

ものを直感で選ぶので」

それでも、ピューター製の漏斗《じょうご》は見かければ必ず購入するという。自分の手でソケットを取り付けてランプに仕立てるのだ。お話を聞きながら天井を見上げ、並んだ漏斗のロマンティックな変身ぶりに目をみはる。

トロワプリュスの前身は、本山《もとやま》で三年間営業したアンティークショップだった。二〇〇九年にこのビルに移転して、ぼろぼろだった空間を美しく改装。ゆったり過ごせるカフェを併設した。

「この空間は雨の日や暗くなってからの雰囲気がとくに好きです」

メニュー　コーヒー450円、紅茶各種500円、キャラメル・オレ600円、チーズケーキ450円、自家製ジャム＆トースト500円

物件を決める後押しをしてくれたのは、内見中にどこからか聞こえてきた教会の鐘の音。まるでヨーロッパの街にいるようだった、と小川さん。

くつろいで過ごした後で、ビルを出て裏通りに回ってみた。なるほど、徒歩三分ほどの場所にカトリック教会があり、ステンドグラスをもつ大聖堂がそびえている。

薄青い空に鐘の音が響き渡るのを想像しながら、こんなふうに、無色だった街が一軒のカフェのおかげでみるみる色彩を帯びることもあるのだと思った。

6

CAFE plus GALERIE UnPeu

御器所（移転）

東京からの転勤族が「実際に住んでみれば、都市機能がコンパクトにまとまった暮らしやすい街だった」と、名古屋の魅力を発見する例は少なくないらしいが、「アンプゥ」は機能性だけにとどまらない名古屋暮らしの楽しみを教えてくれる。

築五十年近い小さなビルの階段を三階までのぼるとカフェがある。「お客さまが『最後の三段がきっつい』って」と、オーナーの佐藤純美さんは快活に笑った。

乳白色の空間の半分は、地元のハンドメイド作家たちが作品を並べるギャラリーだ。こまごまとした可愛

カフェ プラス ギャラリー アン プゥ　map...p287-no.22
名古屋市昭和区阿由知通3-18-2 向田ビル301　TEL 052-744-1300
open 11:30〜16:00（LO 15:00）、土日 11:30〜17:00（LO 16:00）
close 火水　地下鉄御器所駅より徒歩2分　駐車場なし

らしさに、甘い雲に包まれたような気持ちになる。

佐藤さんにはドールハウス作家として活躍していた時期がある。

「周囲にも作家さんが多く、その人たちの作品を展示して人が集まれるスペースを作りたかったんです。来た人が作家さんとお話ししながらお菓子を食べたりできるような」

佐藤さん自身が基礎から学んだのは、実物の十二分の一のサイズで作る一軒家だった。一年がかりで家具や小物まで制作し、精巧なミニチュアの家を完成させるという。

「実店舗を作ったとき、実寸大に戻

ったと思いました（笑）」
　そんなお話を聞いた後で、カフェメニューのパウンドケーキを見て「ここにも！」と声が出た。ケーキが小さな家のかたち！
「私は小学五年生の頃からお菓子を焼いていました。当時通っていた英会話教室の隣におばあちゃんがひとりでやっている小さな喫茶店があって、バスが来るまでの間、ケーキを食べながらおばあちゃんとお喋りしてたんです。彼女のレシピはアメリカで覚えたもの。なんとかその味に近づきたくて試行錯誤しました」
　幼い頃からこのケーキが大好きだ

メニュー　コーヒー各種 500 円〜、紅茶各種（ポットサービス）500 円〜、キーマカレーセット 1000 円、デザート各種 350 円〜

った佐藤さんの息子さんは神戸でパティシェになった。アンプゥのベースには家族への愛情がある。ドールハウスを作り始めたのも、娘さんが幼い頃に集めたシルバニアファミリーのために家を作ったのがきっかけだった。

名古屋にはハンドメイドを楽しむ人が多い、と佐藤さん。毎年開かれる大規模なクリエーターズマーケットには、全国から作家やファンが集まる。佐藤さんの友人も、夫の転勤に従って名古屋で生活する間にもの作りを始めたという。暮らし心地の良さはそんなところにもあるのだ。

ハイドアンドシーク　map…p287-no.22
名古屋市昭和区御器所通1-18-1　TEL 052-746-1196
open 11:00〜19:00　close 不定休
地下鉄荒畑駅より徒歩3分　駐車場なし

7

HIDE & SEEK 荒畑

メニュー　スペシャリティコーヒー450円、自家製ガトーショコラ500円、キッシュプレートランチ1000円、キーマカレーランチ1000円

山王通りに面したビルの一階に、ガラス張りの小さなカフェ&ライフスタイルショップがある。窓辺の一角は観葉植物を扱うスペースで、舗道からお店を眺めると緑の鳥かごのようにも見える。

黒枠のシックな扉を開けて中に入ると、右手は雑貨スペース、左手は大テーブルやカウンター席のあるカフェ。窓からは隣のお屋敷の庭に繁る樹木の梢も見えて、視界がみずみずしい緑でいっぱいになる。

カフェで彩り豊かなキッシュプレートを楽しんだ。生地作りから時間をかけて仕込んでいくキッシュは、

季節ならではの具材を使い、サクッとした食感が光るおいしさだ。

オーナーの河合美津子さんは東京でスタイリストとして活躍してきた経験とセンスを活かし、雑貨のセレクトから厨房での調理までひとりで手がけている。

「大人が日常をリセットできるような隠れ家を作りたかったんです」

名古屋の喫茶店は、もっぱらにぎやかなお喋りの場。洒落たカフェは若い人でいっぱい。大人がひとりで気兼ねなくくつろげるカフェが欲しかった、と河合さん。国内外の雑貨や食器を眺めて、時を忘れる。

8 NODE 本山

器や日用品を扱うショップ・ギャラリー「NODE」は住宅街の一角にある。古いマンションの半地下にひろがる空間に足を踏み入れたとき、甘さを抑えた、それでいて冷たさを感じさせないスタイリッシュな空間に息をのんだ。以前オーナーが撮った写真を見て、憧れていた通りの世界がそこにあった。

感動したとき、その後がっかりしないよう平静を保とうとする心理が働くことがある。コーヒーに期待しすぎないようにと自分に言い聞かせ、緑の影が揺れる窓辺のテーブルに座って、コーヒーが淹れられるのを待った。

でも、期待してもよかったのだ。運ばれてきたのはコーヒー好きの人が豆を吟味してドリップした――そんな味がする一杯だった。爽やかで品のいい苦みを持つコーヒーと、それによく合う「井上茶寮」の小さなカヌレ羊羹《ようかん》。高品質な豆を使ったオリジナルブレンドは「JIMLAN COFFEE」*に依頼しているそうだ。黒泥に銀彩を施したコーヒーカップが、味の輪郭をより際立たせる。

ノード　map…p286-no.21
名古屋市昭和区神村町1-3　TEL 052-715-7385
open 12:00〜19:00、土日 11:00〜18:00
close 不定休　※インスタグラム @node_tasworks でご確認ください
地下鉄本山駅より徒歩12分　駐車場2台

＊242ページに掲載。

「このコーヒーカップは多治見の『3RD CERAMICS』に作ってもらいました。シルバーはNODEのイメージカラーなんです」

オーナーの古屋智英さんは物柔らかなトーンで言った。

3RD CERAMICSは個人作家でも大きなメーカーでもない「第三の陶芸」を模索しながらチームで作陶しており、古屋さんと同世代。ショップの一角でコーヒーを提供するのは、取り扱っている器をお客さまに使ってもらい、その良さを体感してもらうためだ。NODEという店名は、作り手と使い手をつなぐ結節点

メニュー　コーヒー650円、カフェラテ550円、カヌレ羊羹（井上茶寮）250円

という意味を持つ。

「旅をしていろいろなお店に入るのが好きです。どの街に行っても日常の中にコーヒーがあって、コーヒーにその土地ならではの表情がある」

そんな経験の数々が、現在の仕事に活かされているのだ。「TAS WORKS」の名で空間プロデュースや写真の仕事も手がける古屋さんは、二〇一七年、倉庫だったコンクリート空間を自らの手で改装してNODEをオープンした。自作したというカウンターは、古い船旅用アルミトランクを連想させる。

「日用品を扱うので家の延長のよう

な空間に」と意図して、キッチンやダイニング、洗面所などをイメージしたコーナーを設けた。そこに食器や衣服、アクセサリー、タオルなど暮らしの道具が並べられ、窓やランプからの淡い光線を受けて静謐な気配をまとっている。そんな佇まいに惹かれて、遠方からわざわざ訪れるお客さまも多い。

好きなアートを訊《たず》ねたら、三谷幸喜の映画という思いがけない答えが返ってきた。ひとつの限られた空間の中で物語が進行するシチュエーションコメディに刺激を受けるという。

「お店やデザインもそうですが、与

えられた条件のもとで自分がやりたいことをどう表現できるか。枠があることが逆に面白いんです」

ことに好きな作品は『マジックアワー』――その題名は、太陽が沈んだ後、まだ地上に淡い光が残っている時間帯を意味する。夕暮れどき、店内に誰もいないと照明を消してキャンドルを灯し、暮れ残る空の色を楽しむこともあるという。セレクトされた道具はいずれも機能性重視のデザインなのに、この空間に置かれると静かな美しさをまとうのは、オーナーがそんな時間《マジックアワー》を慈しんでいるからなのかもしれない。

9

JAZZ茶房 青猫

藤が丘

十数年ぶりに「ジャズ茶房青猫」への階段を降りていく。初めて訪れたのは、二〇〇六年に青猫がオープンして一年ばかり過ぎた頃だったと思う。ゼロ年代のジャズ喫茶はこんなにも洗練された美しい佇《たたず》まいなのか、と驚いたその印象は現在も全く変わっていなかった。

無機的でどこか廃墟めいた空間は、映画『ディーバ』の主人公の部屋にインスパイアされたもの。L字形の店内の一方は中庭の自然光が淡く射し込むリスニングホールとして設計され、JBLとゴールドムンドの組み合わせが透明な水晶のようなピアノの音の粒を際立たせている。

「ダイアモンドを新聞紙に包んで出すような店にしたいと考えていたんです」

オーナーの高橋久承さんは落ち着いた口調で言った。いい音楽、いい時間を飾り立てず無造作に差し出すこと。お客さまに静聴を求めることもない。

初めて訪れた際に店名の由来を訊ね、やはり萩原朔太郎《はぎわらさくたろう》の詩だと知って「『お

ジャズさぼう あおねこ　map…p282-no.11
名古屋市名東区藤が丘49 アンフィニビルB1F　TEL052-776-5624
open13:00～24:00、日13:00～19:00　close木
地下鉄藤が丘駅より徒歩5分　駐車場なし

わあ、こんばんは』ですか」と言ったら、その次の行が返ってきた。

「『この家の主人は病気です』(笑)」

そういう静かな面白みが、音楽好きばかりでなく本好きの人々をも惹きつけるのかもしれない。常連客が青猫を借りて始めた読書会は日本最大の規模に発展し、現在も月例会を続けている。数日前には柴田元幸さんを招いた特別イベントが催されたばかり。高橋さんも毎回、課題図書にちなんだ音楽を一曲選んで解説するという役目を仰せつかっている。

開店以来最も嬉しかったことは？

「昔からマルチン・ボシレフスキと

メニュー　青猫ブレンド600円、紅茶、中国茶、緑茶各種700円〜、生ビール600円〜
ステーキ丼1000円、パスタ各種900円

いうピアニストがいいと言い続けてきたんですが、来日したときにこの店に遊びに来てくれたんです」

　彼の魅力はまず音がきれいなこと、作る曲のルーツがどこにあるのか全く手の内を見せないこと、と高橋さん。モダンジャズの名盤はメロディが単純ですぐ飽きてしまう、何度も聴いてようやく良さがわかるような音楽が好きなのだと。

　この原稿の準備をしながらボシレフスキのピアノトリオを聴いているのだけれど、デビューアルバムのタイトルが『コメダ』*と知って、あまりの奇跡に笑いをこらえきれない。

＊ポーランドの作曲家クシシュトフ・コメダの作品集。コメダはポランスキーなどの映画音楽も手がけている。

ムジコ　map...p282-no.10
名古屋市名東区上社2-59　TEL 052-774-0266
open 10:30〜19:30　close 木
地下鉄本郷駅より徒歩4分　駐車場3台

10 musico 本郷

店名は音楽《music》とコーヒーで「ムジコ」。注文したコーヒーとケーキを待ちながら、私は壁の柱時計の周りに浮かぶ光の正体を探していた。どうやらはす向かいの建物の窓が太陽を反射して、ムジコの壁で戯れているらしい――と、長針が動いて、柱時計が重厚で立体的な音色で五時を告げ始めた。

なんて素晴らしい響き。驚いて店主の堀正行さんに「あの時計は……」と訊ねると、考え考え、優しい口調で答えてくれた。

「近くに古い時計屋さんがあるんです。あれはドイツの時計ですが、音の聴き比べなどもして一番好みだったものを選びました」

そんな時計と親戚の伯父さんから譲られたという古いオーディオ装置、ネルから滴《したた》り落ちるコーヒーの音が、ムジコの音楽を生み出すのだ。

コーヒーも紅茶も七、八種類の選択肢。チーズケーキとスコーン、サンドイッチとカレー。いかにも正統派喫茶店のメニューである。

「藤が丘に『木曜日』という三十年くらい続いた喫茶店があって、僕はそこで長く働いていたんです」

木曜日という名前は、知る人ぞ知る名店として私も耳にしていた。代替わりしてから喫茶店を閉め、もともと手がけていた焙煎所「コモン」だけに絞ったらしい。

「このカウンターをはじめ、家具や食器の多くは木曜日から譲りうけたものです。スイーツやフードのレシピも引き継ぎました」

往時のお客さまが堀さんの淹れるコーヒーを求めてムジコを訪れることも多いが、「あの場所に自分がい

メニュー　コーヒー各種520円〜、紅茶各種600円〜（ポット）、ケーキセット890円〜、人参サンドイッチセット1160円〜、ビーフカレーセット1540円〜

たからこそ回ってきたご縁」と、堀さんは謙虚に言う。

喫茶業を足かけ十五年、飽きたりすることはないのでしょうか？

「好きでずっと続けてきた仕事ですし、同じ毎日のようでいて、日によってお客さまのテンションも違うんです。勝手な解釈ですが、一期一会という言葉は、今日来た人が明日来ても同じ気持ちで迎えられるという意味だと思ってるんです」

その静かな声を聞いて胸が熱くなってしまったのだ。こういう人が、こういうお店が、気負いもせずに街の日常を支えているのだと思う。

カフェ ロジウラのマタハリ チョン クォン ヴァー スイッ　map...p275-no.01
名古屋市中村区椿町9-21 椿ビル1F　TEL 052-451-8533
open 水木金 11:30～15:00、17:00～22:00　土 11:30～22:00　日 11:30～21:00
close 月火　JR名古屋駅新幹線口より徒歩3分　駐車場なし

11 cafe ロジウラのマタハリ 春光乍洩

名古屋（移転）

春、小雨の昼下がり。グーグルを検索して十五年ぶりに「ロジウラのマタハリ」を再訪したが、街の変貌ぶりにとまどうばかりだった。カフェもすっかり改装してバリ雑貨に彩られ、メニューには東南アジアの料理が並んでいる。

とりあえずランチを楽しんで、帰りがけに「もしや昔は別の場所にあったのでは？」とお店の女性に訊ねると、いいえ、二〇〇一年の開店当初からずっとここでやっていますよという返事。釈然としないまま話題を変えた。

「作家の川上《かわかみ》未映子《みえこ》さんが来店したことがあるんですね」

壁に貼られているサイン入り色紙が食事中から気になっていたのだ。

「そうなんです。お好きですか？」と、店主の美尾りりこさんは笑顔で言った。

美尾さんは川上未映子がデビュー前にネットに書いていた文章に心惹かれ、当時メールで交流していたのだという。カフェの七周年記念に川上未映子が来店してイベントをしてくれた、と聞いてびっくりする。路地裏の小さなカフェでそん

メニュー　タイカレー850円、パッタイ850円、ナシゴレン850円、香港式レモンコーラ500円、ビール各種580円～、マタハリ式チェー500円

な豪華な催しがあったなんて。音楽ライブも多数開催されてきたそうだ。この空間には何やら創造的エネルギーが充満しているらしい。

後日、とんでもない勘違いが判明したのだった。私が昔訪ねたカフェは、まったく違う街にある「マカシラハログナ」ではないか！　そして残念ながら、すでに閉店していた。

夏の午後、今度はロジウラのマタハリを目指して名古屋駅西の通りを歩く。同じ名古屋駅前とは思えないほど、高層ビルが林立する東口とは異なる昭和的風景がひろがる。

曲がり角の目印は、アジア映画中

心のミニシアター「シネマスコーレ」。美尾さんは九〇年代後半に香港映画に熱狂し、よくここへ観に来ていたそうだ。その縁ですぐそばの香港映画グッズ専門店の店長を務めるようになり、大勢の映画ファンが集まってきた。

「いつも狭い店内で立ち話をしていく人たちに、ゆっくり座ってお茶を楽しんでほしくて隣にカフェを作ったんです。それが夫と二人で始めたロジウラのマタハリでした」

マタハリもたちまち駅西エリアの人気店になっていった。映画や読書に興味のない人々も、タイカレーや

パッタイ、ナシゴレンなどを気軽に楽しんでいく。

好きなもののディープな魅力を発信していると共感者が集まり、自然に新しい世界が拓《ひら》けていくのを感じている美尾さん。そこには彼女流の優しいルールがある。カウンターでたまたま隣り合わせた人が共通の趣味を通して友人や恋人へと発展することもあるが、「お客さまどうしを紹介するときは、好きなものだけでつながれるように職業や肩書は私からは一切伝えないんです」という。

ビジネスで協力できるよう仕事中心に人をつないでくれるお店がある一方で、マタハリは社会や家庭での役割を離れた個人として「好き」を共有できる場所なのだ。そんなカフェだからこそ心が解放される人々もいるに違いない。

最近はお客さまが持ち込んだ歌集に触発され、短歌への興味を深めているそうだ。それを知った人が東京の有名歌人を連れて来店したり、名古屋在住の歌人が訪れたりと、ロジウラのマタハリには日々、ちょっとした奇跡のような出会いが降り続けている。

「嫌いなものについて語ると嫌いなものがやって来るし、好きなものについて語れば好きなものがやって来る」と、美尾さんは実感をこめて言うのだ。

どくしょコーヒーリチル　map...p286-no.20
名古屋市千種区今池4-3-17柴田ビル2F　TEL非公開
open 12:00〜21:00　close水
地下鉄今池駅3番出口より徒歩1分　駐車場なし

12

読書珈琲リチル

今池

「リチル」は今池《いまいけ》駅のそばの小さなビルの二階にある。

花冷えの雨の晩、檸檬《れもん》色の窓明かりはすぐに見えてきたものの、入口がわからない。建物を一周すると裏手にカフェの案内板と階段が見つかった。傍らには一本の若い桜の樹。濡れた舗道や案内板に薄い花びらが張りついていた。

読書珈琲というサブタイトルの通り、リチルは書物のページをめくる喜びに耽溺《たんでき》したい人、書き物などしながら自分の時間に没頭したい人のための小さな楽園である。

店内の中央には手廻しの焙煎機。

本棚。店主の視線が気にならないよう工夫された間仕切りの棚。

ブローティガンの作品をイメージしたブレンドをいただいた。リチル主催の読書会で、『西瓜糖の日々』を課題図書にした時期に作って好評を博したもの。他にも中浅煎りの「栞」、深煎りの「香深《カフカ》」、言葉の迷宮に誘うネーミングだ。

自家焙煎した豆をネルドリップする店主、宮地孝典さんは「店のメニューはお客さまとの合作だと思っているので、自分の主張を押しつけるのではなく、反応を見ながら日々模索しています」と落ち着いた口調で語る。

リチルというお店のありかたも似ているかもしれない。凜としていながら、懐が深く、柔らかい。二〇一一年に昭和区で古本屋と喫茶店としてスタートして約六年、奥さまが作る食事が人気となり、千種区の広いスペースへ移転。ランチの比重を高めて賑わっていたが、ある日、本を手にして訪れた女性客が「静かな店だと思って来たのに」と立ち去ってしまったことを契機に、お店の形態を原点に立ち返って熟考したという。そして二〇一九年に現店舗へと移転。本と珈琲に没入できる環境作りにフォーカスして、それ以外の要素を潔く削ぎ落とした。

食事メニューが消えたばかりか席料制となって、お客さまがとまどうのでは？

メニュー　席料制：60分まで600円（珈琲などのドリンク1杯分の代金を含む）、60分以降は10分ごとに50円

「それが、一店舗めの常連だった人々が戻ってきてくれたんです」

ひそやかな読書空間を求めてやまない人種がいるのだ。席料制とした理由を宮地さんはこう説明する。

「うちのような小さなカフェを長時間利用する場合、気を遣って追加注文してくれるかた、その逆のかた。混み合ってくると席を空けてくれるかた、逆のかた……不公平だなと思っていまして。双方のストレスを解消し、本の世界に存分に没入していただくためこの方式を採りました」

じつはお客さま思いの新方式に、好意的な反応が多いそう。

はてしない物語

読書珈琲リチル

リチルとはアイルランド語で手紙を意味する。本とは時空を超えたさまざまな人々から自分に届く手紙だ、という宮地さんの言葉に心が共振しはじめる。

「この店じたいがお客さまへの手紙だという思いもあります。置いている本はもとより、珈琲、空間、時間、そして接客のすべてを合わせて、あなたへのメッセージですよ、と。アイルランド語を選んだのは語感からですが、どこか星の名を連想させるような雰囲気も気に入って決めました。星の光も、幾光年も離れた時空からの手紙であるように思います」

リチルでひとときを過ごす間に、私たちは透明な優しい手紙を何通も受け取っているのだ。私が書いているこの文章は、リチルへの返信なのかもしれない。

本好きの両親のもとで育ち、両親の本棚にあったエンデの『はてしない物語』と宮沢賢治の童話の数々が、小学生時代に読書に深く傾倒する道案内をしてくれた――そんな店主がつくる静謐な空間には、文字を追う者にしか見えない宇宙への地下通路が潜んでいる。ページをめくり、その扉を発見する喜び！

机に置かれた手廻し焙煎機はフッフールという名前だ。そう、『はてしない物語』に登場する〈幸いの竜〉である。

13

キッサ マシマロ

平針

「キッサ マシマロ」で記念にいただいてきたショップカードは、本の栞のかたちをしている。素敵な趣向だ。「飲食できる図書館」をイメージしたこの場所には、本を読む人もモーニングやスイーツが目当ての人も、リラックスした気分でやって来る。街の小さな図書館がそうであるように。

二〇一八年、門田哲・佳代さん夫妻は住宅街のマンションの二階にマシマロをオープンした。自分たちが行きたいお店を作ったのだという。

広々とした空間には千冊以上の蔵書を並べた書架。ひとりでも大人数でも快適に過ごせる大テーブル。窓辺に射す光が心なしか萌黄《もえぎ》色に染まっているように感じられるのは、目の前の公園に繁る樹々の恩恵である。

コーヒーの抽出は哲さん、食事とスイーツ作りは佳代さんが担当する。時間を気にせずのんびり過ごせるようにとの心遣いで、コーヒーはたっぷり三〇〇cc、イイホシユミコさんのカップに注がれた。

キッサ マシマロ map…p284-no.16
名古屋市天白区平針2-808 ガーデンハイツ平針店舗2F TEL052-680-9648
open 7:00～20:00 close 水＋第2＆第4火
地下鉄平針駅より徒歩4分 駐車場なし

ブレンドの名前は「マシマロ」と「さすらい」。ある種の音楽ファンなら思い当たるのかもしれない。それらが奥田《おくだ》民生《たみお》の曲のタイトルであることに。

もともとカフェや読書の時間が好きだった哲さんは、会社員時代から独立開業を計画。喫茶店やイタリアン、バーなどで七年間経験を重ねて物件探しを始めた。音楽を聴くときに歌詞は重視しないという哲さんだが、長年愛してきた奥田民生のライブで「さすらいもしないでこのまま死なねえぞ」というフレーズが心に響き、このまま会社員を続けていい

メニュー　コーヒー・紅茶各種500円〜、ロールケーキ（11時から）450円〜、キッシュ（11時から）650円、モーニング（11時まで）480円〜

のかと自問自答。開業に乗り気になれないままカフェやケーキ店で働いていた佳代さんも、この物件に出合って心を決めたそうだ。

「妄想ノートに書き出した条件とぴったりだったんです」

駅にもスーパーマーケットにも近く、公園の前で、大通りから一本入った隠れ家的な立地の二階、そして二十坪ほどの広さ。まさかその通りの物件が見つかるとは、夫妻も予想していなかったかもしれない。

そうして開かれた「自分が通いたいお店」は、多くの人が通いたいお店になったのである。

遊歩のグラフィスム
平出隆
詩的メタフィジックス

ほしくずコーヒー　map…p286-no.21
名古屋市千種区本山町4-74-1小島ビル2F　TELなし
open 14:00〜22:00　close 月火＋不定休
地下鉄本山駅1番出口より徒歩1分　駐車場なし

14

星屑珈琲

本山

二胡教室から哀愁を帯びた音色が漏れてくる夜の雑居ビルの廊下。つきあたりの黒い扉に「星屑珈琲」の名が小さく掲げられていた。

偶然見かけた店名に強く惹かれていつか訪れたいと思っていたそのカフェは、二〇一七年に「群れない魂の止まり木」をコンセプトに誕生した、ひとりの時間を過ごすための場所である。もし二人で行くならば、低く静かな声の人がいい。

扉の奥には、夜の空気の粒子が見えるような仄《ほの》暗く情趣のある空間がひろがっていた。カバーを外した文庫本が並ぶ、長さ六メートルのカウンター席、二人がけのテーブル席を合わせてゆったりと十席ほど。珈琲豆を販売する古い木製のショーケースや薄緑色の壁は、以前この場所で営業していたマフィンのお店が遺していったのだという。

メニューは珈琲が中心。店主の岩井啓悟さんは手廻し焙煎機で、深煎りから浅煎りまで多様な焙煎度合いの豆をローストし、ワイヤードリッパーで抽出する。

メニュー　コーヒー各種500円〜、カフェオレ600円、クリームソーダ650円、今日のお菓子

星屑珈琲を開いた理由を「世の中には静かな場所が少なすぎると思う」と語る岩井さんには、独自の視点から世界を眺める人特有の一種とぼけたような優しい佇まいがある。

夜にひとりで過ごしたい人の居場所であり、店主自身の居場所でもある星屑珈琲。最も好きな時間帯は閉店前の一時間、お客さまが一日の疲れを滲ませながらもほっとした表情を浮かべている頃だという。

壁には版画家の平岡瞳さんの作品が飾られていた。『星屑珈琲』と題した平岡さんの美しい版画作品集を見せてもらうと、最後のページにこ

んなことが書かれていた。

〈珈琲をこよなく愛する義弟がいます。いつか喫茶店「星屑珈琲」を開きたいと思っている彼に、珈琲や喫茶店への想いを綴ってもらいました〉

その瞬間、数年前にこの本を東京で見たことがあるのを思い出した。版画の横には、確かな個性を宿した味わい深い文章が並んでいたが、それが会社員時代の岩井さんが書いたものだったとは！

過眠症という不可思議な体調不良を抱えながらも、願い通りの仕事をして暮らせるようになったからにはこれはきっと天職に違いないのだ。

ツェスタ　map...p285-no.19
名古屋市千種区 末盛通1-17　TEL 052-752-1109
open 18:00〜26:00頃、土14:00〜　close 日＋不定休
地下鉄覚王山駅2番出口すぐ　駐車場なし

15

cesta 覚王山

東京や大阪からもアブサン[*1]好き、本好きが訪れる古本喫茶&バー。

店主の山守弘城さんが気が向いたときに作るオリジナルのアブサンプリンは、世界中のアブサン党におすすめしたい傑作だ。アルコール分は多少とんでいるそうだが、爽やかな苦味とハーブの芳香がプリンによく合い、幸福度が跳ね上がって緑色の妖精[*2]を見てしまいそうになる。

チェコの絵本とコーヒーを揃えて二〇〇五年にスタートした「ツェスタ」は、山守さんが古本買い付けのチェコ旅行でおいしいアブサンに出合ったことが契機となり、バーとし

*1 薬草系リキュール。19世紀フランスの芸術家たちが愛飲。

メニュー　チェコ産ビール各種750円〜、アブサン各種700円〜、おつまみ各種300円〜

ての色彩を強めてきた。

外観からは何のお店かわからない上に、自動扉は手で開けなければいけないが、勇気を出して入ってしまえば誰でも快く迎え入れてもらえる。ひとりで立ち寄る人が多いのだという。

さまざまな分野の本を無造作に並べた薄暗い店内は、ブルックリンの古本カフェを思わせる風情。お客さまはさらりとした距離感を保ちながら思い思いに和むのだ。アブサンとコーヒーと古本の香りに包まれた、ツェスタならではの不思議な時間が揺れている。

＊2 輸入解禁前のアブサンには幻覚をもたらす成分が含まれていたらしい。

16

LAMP LIGHT BOOKS CAFE 伏見

「本の世界を旅するホテル」をコンセプトに誕生した「ランプライトブックスホテル名古屋」は、ガラス張りの一階に二十四時間営業の書店とブックカフェを設けており、宿泊者以外の人々にも親しまれている。

書架に並ぶ本は、旅やミステリーをテーマに約三千冊。カフェで試し読みすることもできる。

カフェには本を読みながら片手で食べられるミニバーガーがあり、えびアボカドやツナチーズなどの具が選べる。

輝くランプの下、旅行者とノマドワーカーが共存している。

メニュー　コーヒー380円、紅茶330円、カフェラテ420円、フード200円〜

ランプライトブックスカフェ　map...p277-no.02
名古屋市中区錦1-13-18　TEL 052-231-7011
open 24時間営業（フード7:00〜22:00）　close 無休
地下鉄伏見駅より徒歩5分　駐車場なし

しゅもくかん　シュモクカフェ　map…p276-no.02
名古屋市東区橦木町2-18　文化のみち橦木館　TEL 080-2137-8449
open 10:30〜17:00（LO 16:30）　close 月（祝日の場合は翌日）
地下鉄高岳駅より徒歩12分　駐車場なし

17

橦木館　SHUMOKU CAFE

高岳

名古屋城の東側から徳川園まで、地下鉄高岳駅の北側にひろがる一帯は、江戸時代には武家屋敷だったエリア。歴史と喫茶をめぐるレトロ散歩が楽しい。名古屋の近代化の歩みを伝える貴重な建築遺産が点在し、「文化のみち」として保存されているのだ。トヨタグループ創始者の弟である豊田佐助の邸宅も、また現存する最古のコメダ珈琲店と言われる高岳店も、洋菓子のボンボン*もみなこのエリアにある。

*178ページに掲載。

檀木館は輸出陶磁器商として財をなした井元為三郎の邸宅。大正末期から昭和初期に建てられた洋館、和館、蔵や茶室からなる豪邸は名古屋市有形文化財に指定され、スパニッシュ様式の洋館の旧応接室がカフェとして活用されている。

館内見学前にカフェで遅い朝食。「檀木館セット」はムレスナの紅茶とジェラート、ベーカリーピカソが作るもちもちした「つのパン」という素敵な組み合わせだ。

中庭の緑がまぶしい。窓の上部を彩るステンドグラスには二羽の小鳥がデザインされているが、邸宅の主

が酉年生まれだったことにちなんでいるらしい。

のんびりと食事を終え、洋館の二階を見学。窓辺には絵付けされたプレートが並び、洋食器加工の街としての歴史を物語る。

この部屋にもカナリア色のステンドグラスが輝いている。明治中期から日本でも本格的な製造が始まったステンドグラスは、この洋館の見どころのひとつなのだ。

続いて和館に入ると、太陽が薄い雲に覆われるように視界が翳《かげ》った。陰翳礼讃。和洋の室内の明暗や空気感の違いが肌で感じられる。

メニュー　紅茶各種 600 円〜（ポットサービス）、本日のコーヒー 500 円、パンケーキセット 850 円、橦木館セット 1300 円

和館で何よりも心惹かれたのは食事の匂いのする部屋——台所と食堂だった。当時、最新式だったガスのかまど。ここでどんな料理が作られたのだろう。あちこちにあしらわれたタイルには、陶磁器商としてのこだわりがうかがえる。

隅で存在感を放っていたのはＧＥ社の大きな冷蔵庫。戦後、進駐軍に接収され、ここに空軍将校一家が暮らしていた時期があったのだ。

将校一家のもとでメイドとして働いた日本人女性のインタビューが『橦木館日和』と題した広報誌に収録されており、興味深く読んだ。

ノリタケのモリ　カフェ ダイヤモンドデイズ　map...p275-no.01
名古屋市西区則武新町3-1-36 ノリタケスクエア名古屋　TEL 052-561-7290
open 10:00〜18:00（LO 17:30）　close 月（祝日の場合は翌平日）
地下鉄亀島駅2番出口より徒歩5分　駐車場165台

18

ノリタケの森 CAFE DIAMOND DAYS　亀島

端正な珈琲店で、たまらなく可憐なカップ&ソーサーを見たことがある。小ぶりなカップに金のリム、手描きの青いツバメ。「オールドノリタケです*」と、店主はコーヒーを注ぎながら微笑んだ。以来すっかりオールドノリタケが好きになり、名古屋駅北の「ノリタケの森」にはその名品の数々を収蔵するミュージアムがあると聞いて、晴れた午後に訪れてみた。緑に包まれた広大な敷地。芝生の

*明治時代から昭和初期にかけて、ノリタケの前身である森村組と日本陶器が輸出用に製造したテーブルウェア。

広場に噴水が飛沫《しぶき》をあげている。ひときわ目をひく赤レンガの建物は、明治三十七年にノリタケの前身「日本陶器」が建てた工場。ここは日本の近代陶業が始まった場所なのだ。

　その横にウェルカムセンターやレストラン、ショップ&カフェの各棟が並んでおり、クラフトセンターでは工場見学や絵付け体験も楽しめる。好きなおかずから食べる私は、まずミュージアムを目指した。

「テーブルウェア」コレクションと題した三階では、懐かしいものたちに再会。製造年代順にずらりと並んだディナー皿やカップ&ソーサーの

中に、実家で使っていた食器、喫茶店で見かける食器を発見して、ノリタケが生活の中でどれほど親しまれてきたかをあらためて思う。

四階の「オールドノリタケ」コレクションは壮観だった。欧米に輸出されて人気を博した名品の数々がここに里帰りして、静寂の中で輝きを放っている。職人の精緻《せいち》な絵付け、きらびやかな金盛り、技巧を凝らした繊細なエッチング。

息をのんだのは、顧客の嗜好《しこう》を知るためにニューヨークに派遣された図案部の絵師たちのデザイン画である。絵の具で立体的に表現された金

メニュー　モーニング1000円、ランチ1580円、本日のケーキセット770円、デザートセット1250円

盛りの複雑な模様や色彩の美しさに、時間を忘れて見入ってしまう。

現世に戻るにはカフェインと甘いものが必要。ショップに併設されたカフェ「ダイヤモンドデイズ」で、ノリタケの食器を使ったデザートセットをいただいた。

ショップでは「テーブルから広がる心地よい暮らし」をコンセプトに、現代のライフスタイルに合わせた魅力ある食のシーンを提案している。

大倉陶園のコーナーもあり、自家焙煎珈琲店の店主たちが、珈琲の色をひきたてるその白い肌をこよなく愛してきたことを思い出した。

2章 カフェスイーツとカフェごはん

aoiku_cafe

19

パティスリーグラム

本山

「あのお店のケーキはおいしい」と語るとき、何をもっておいしいとするかは人それぞれに基準がある。

私の場合はきちんとした甘みや、果実やカカオの持つキリッとした酸味、苦みが感じとれて、全体のバランスがパティシェの手の中で緻密にコントロールされていると「おいしい」。また、食感や香りに緩急があり、最後のひと口まで気持ちを集中して食べられることも大事。それにはもちろんサイズも関係していて、ちょっと小ぶりなほうがいい。

男性も含めた数人から薦められた「パティスリーグラム」は、そんな私の「おいしい」を見事に叶えてくれた、〈フランス菓子と小さなカフェ〉である。

名古屋で最も住みたい街のひとつと言われる本山エリア。パティスリーグラムは本山駅から北東に延びるゆるやかな坂道沿いに、二〇一一年にオープンした。

オーナーシェフの三橋和也さんは大阪出身。大阪のパティスリーで修業し、名

パティスリーグラム　map…p286-no.21
名古屋市千種区猫洞通2-5　TEL 052-753-6125
open 10:00～18:00（カフェは17:00まで）　close 水木＋不定休
地下鉄本山駅より徒歩15分　駐車場4台

メニュー　コーヒー 550円、紅茶 550円、ケーキ各種 500円〜

古屋駅にマリオットアソシアホテルが開業する際にパティシェに就任。十一年間にわたって活躍した後、独立してこのお店を開いた。

白とブルーグレイ、ウッドのシックな色調の空間には、ケーキを一刻も早く完璧な状態で食べたい人のためにテーブル席が三つ。「大阪の赤い実coffee」の豆を使ったコーヒーや紅茶が用意されている。

ショーケースに並ぶケーキや焼菓子は、大人が自分を喜ばせるために買う、そんな印象。「ワインに合わせて楽しんでいただいても」と、ホールを担当する妻の希さん。

「ヌガー・プロヴァンサル」は、蜂蜜のムース、アーモンドヌガー、フルーツコンフィのムースの美しいバランスを愛でる一品。お酒を使っていないにもかかわらず芳醇《ほうじゅん》な香り。「タルト・オ・ドゥ・シトロン」はレモンとライムのクリームタルト。二種類の柑橘《かんきつ》系の酸味が素晴らしい。タルト台とクリームの間に薄いチョコレートが敷かれているのが、三橋シェフならではの飽きさせない細やかな工夫である。

「夫は手が抜けない性格」と希さんは笑う。だからこそ大人たちに愛され続けているのだと思う。

Open

20

夏空

総合リハビリセンター（完全予約制）

フルーツの旬に合わせて切り替わる「夏空」の季節のパフェは、毎月多くのファンが待ちこがれている。たとえば、ある年の七月には甘くみずみずしい桃づくしのパフェ。翌月には巨峰を加えた桃パフェ・セカンド。九月に入ると秋の香り漂う和栗、無花果《いちじく》、ぶどうのパフェ……。

急な石段をのぼって築五十年を超えた白壁の民家にたどりつく、そんなアプローチも期待感を高めてくれる。玄関で靴を脱ぐと、古い家の間取りと質感を残しつつ改装された風情ある部屋が続いていた。

見目麗《みめうるわ》しい桃パフェを前に、心が

なつそら　map...p284-no.15
名古屋市天白区表山1-219　TEL 052-848-8508
open 11:00〜17:00（カフェは17:00まで）　close 水木＋不定休
地下鉄総合リハビリセンター駅より徒歩10分　駐車場1台
※完全予約制

メニュー　珈琲各種 500 円〜、紅茶 500 円、季節のパフェ 1600 〜 1800 円、夏空パフェ 950 円、季節のデザート各種

躍る。桃のゼリーとコンポート、塩キャラメルジェラートに生クリーム、はちみつレモンのフローズンヨーグルト、愛知県豊田市産の桃「日川白鳳《ひかわはくほう》」と小さなシュー。グラスの中に幸せが積み重なっている。

荒れてお化け屋敷じみていた家を改装し、二〇〇九年に雑貨店として夏空を開いた店主夫妻は、お客さまに請われるかたちでカフェを始めた。マルシェで提供した栗のパフェが評判を呼び、かつては胸の高さまで草が茂っていたという石段を、女性たちがいそいそとのぼってくる。

ちいさなかしてん フィーカ　map...p285-no.19
名古屋市千種区菊坂町2-2　TEL 052-846-6657
open 11:00〜売り切れ次第閉店　close 日月火
地下鉄覚王山駅より徒歩3分　駐車場1台

21

ちいさな菓子店 fika.

覚王山

午前十一時。背の高いショーケースの中で二十種類ものタルトが美しく輝いている。スタッフが扉を開き、並んで待っていた最初のお客さまをにこやかに店内に招き入れる。

小さなタルト専門店「フィーカ」は二〇一八年秋、十周年を機にリニューアルした。大変な人気が続くタルト作りに集中するため、イートインのカフェはお休みである。

「外国的な雰囲気を漂わせる、迫力のあるお菓子。でも味は日本人向けに控えめで繊細に」

神戸の名店「コム・シノワ」などで修業後に独立したオーナーパティ

メニュー　タルト各種540円〜、ショートケーキ650円〜、
パウンドケーキ各種670円〜、焼き菓子各種300円〜

シェの乾武史さんは、タルト作りのコンセプトをそう語る。

特に思い入れがあるというオレンジとババのタルトをいただいた。上にのっている丸い果実は何だろうと思ったら、乾さんが大好きなババなのだ！　ナイフを入れると溢れ出すラム酒のシロップ。水分でタルトを損なわないぎりぎりのラインに調整できるのがプロの技術である。

シュクレ生地がカチカチに固くならないように丁寧なひと手間を加えるなど、愛され続けるタルトにはたくさんの理由がある。売り切れが心配な人は予約しましょう。

メツァ　map...p286-no.21
名古屋市千種区東山通5-19カメダビル2F　TEL052-781-8004
open 11:30〜18:00　close火水
地下鉄東山公園駅より徒歩1分　駐車場なし
※移転のため閉店

22 metsä 東山公園（移転のため閉店）

キッシュとタルトで親しまれてきた、優しい表情をしながらも芯のあるお店。初代のオーナーは、森を意味するフィンランド語を店名に選んだ。バトンを受け取った二代目オーナー夫妻がその森を豊かに育てている。キッシュとタルトに加えてショートケーキが花咲き、コーヒーの湖が陽光を反射する、そんな森に。

北欧の気分が漂うカフェの窓辺で、素敵に気前のいいセットを楽しむ。サラダを添えたキッシュ、ケーキ／タルト、ドリンクの三品がそれぞれ選べるのだ。

たっぷりと高さがあり、生地にも厚みをもたせたキッシュは、低温で時間をかけて生地を空焼きしてから、アパレイユを流し込んでもう一度焼く。アパレイユに生クリームではなくサワークリームを用いる初代「メツァ」の配合レシピを受け継いだのは奥さま。かつてスタッフとして働いていたのだ。

カフェ開業を計画してケーキショップやパン屋さんで十年以上働いてきた伊藤正祥さんは、奥さまからレシピを伝えられてびっくりしたそう。

メニュー　コーヒー500円、ケーキ・タルト単品300円〜、よくばりセット（キッシュとケーキとドリンクのセット）1500円、metsäランチ1000円

「初代オーナーはデザイナーが本業で、キッシュやタルト作りは独学。知識のある人間から見れば、ありえない作りかたなんです。でも結果としてお客さまにおいしいと喜ばれてきたなら、こういう方法でもいいんだと勉強になりました」

初代のレシピを尊重しながら洗練させると共に、新たに加えたのがケーキとスペシャルティコーヒー。お店を受け継いだ当初はキッシュとケーキだけを並べていて、お客さまが「タルトがないなら」と帰ってしまって肩を落としたそうだが、今ではショートケーキを目当てに来店する人も多くなった。

そして、コーヒーである。こんなに真剣にコーヒーについて話してくれたケーキ職人っていたかしらと、コーヒー好きとしては嬉しくなってしまう。信頼する「パンダコーヒーロースターズ」に依頼した、お菓子と相性のいい深煎りの高品質なブレンドは、注文を受けるつど挽《ひ》いて一杯ずつドリップする。

夫妻に子どもが生まれてからは、メニューにプリンも登場。カップのまま食する作りにしたのは、見栄えを考えてお皿に移すと我が子が食べにくそうにしていることに気づいたから。この「森」には子どもたちも遊んでいて、つねに優しい視線が注がれているのだ。

metsä

metsä
metsä

いちごのタルト

23

ヌンクヌスク

鶴舞

まるで呪文のような店名が面白くて、頭の中で唱えながら木陰をぬって歩いていくと、輝く木立ちの向こうに築百年の古民家が現れた。

　スイーツが人気のカフェ。店名はラテン語の造語で「今、どこにもない」を意味する。

　高い天井の下に、センスのいい焼き菓子のディスプレイ。桜や紅葉の季節に予約が殺到するというのもうなずける。テーブルについてもまだ緑の中を歩いてきた余韻が体に残っているから。

　デザートランチを注文するとまずデリを盛り合わせたプレート、次に

メニュー　デザートランチ（4デリ、パン、スープ、ドリンク2杯付き）1600円、デリランチ各種（パン、スープ付き）1000円〜

ヌンクヌスク　map...p287-no.23
名古屋市昭和区鶴舞1-1-168　TEL 052-364-9292
open 11:30〜18:00　close 木
地下鉄鶴舞駅より徒歩3分　駐車場なし

スイーツを盛り合わせたプレートが運ばれてきた。それぞれにドリンクがついており、お客さまを喜ばせるのが上手だなと思う。一杯目にワインを選んで、明治時代の終わりに建てられた家の木組みを見上げる。

　このカフェは二〇〇九年にJRの高架下でスタートし、四年後にここへ移転してきた。公園誕生以前から営まれてきた和食店が閉店して長く空き家状態だった建物。たまたまヌンクヌスクのスタッフにそれを引き継ぐ話が持ち込まれたのだ。この呪文はどこにもない縁を結んでくれるのかもしれない。

24 McQun ChAi 一社（閉店）

もっと紅茶を身近なものに。そして、記憶に残る味をお届けしたい――そんな想いから生まれたミルクティー専門店の扉を開けると、早くも女性たちが新しいミルクティーを飲みながらさざめいていた。

シンプルに徹した白い注文カウンターには、色とりどりのスイーツやパンも並んでいる。ミルクティーとの最高のペアリングを楽しめるように、市内の有名パティスリーやベーカリーから日替わりで届けられるのだ。中には「マックンチャイ」の茶葉を使った紅茶味のクリームがとろけるクロワッサン「フォイユテ」など、オリジナルもある。

私がいただいたドリンクはオリジナルミルクティーとチャイ。その後味の爽やかさ！　紅茶の風味とミルクの自然な甘みが溶け合いながら喉を通り、風のようにすっと消えていく。一方、チャイはインドで調合したスパイスと、香りを際立たせるためにわずかに加えた甘みが魅力。ホットの場合は、牛乳のたんぱく質が

マックンチャイ　map...p282-no.09
名古屋市名東区一社1-104スタシィオン一社101　TEL 052-701-3260
open 11:00～18:00（LO 17:30）　close 火
地下鉄一社駅2番出口より徒歩2分　駐車場なし

高温で変性してしまうのを抑えるために七十度前後に温めて提供される。

「ミルクティーに最適な茶葉の配合を精査しつつ、日本中からあらゆるミルクを取り寄せて試した末にようやく完成しました」と紅茶卸し会社「TEA MODE」の近藤正一さん。毎年インドへ茶葉の買い付けに赴いている。

もともとこの場所に開いていた紅茶専門店を閉店し、二〇一九年にこだわりを凝縮したマックンチャイを立ち上げたが、そのアイディアはすでに約三十年前、インド・ダージリンの紅茶専門学校に留学中からずっ

メニュー　オリジナルミルクティー450円～、カモミールミルクティー600円、スイーツ各種290円～、パン各種210円～

とあたためていた。

「インドの人たちは一日に何度もチャイスタンドに行ってお茶を飲む。その習慣が生活に定着しているんです。日本でそんなふうにカジュアルに楽しんでいただけたら」

紅茶は料理やお菓子の素材の味を引き上げてくれる「スーパーサブ」なのです、と熱を込めて語る近藤さん。子ども時代の呼び名と俳優スティーブ・マックイーンの名前があわさって、この店名になったのですって。

ラヤキヴィ　map...p281-no.06
名古屋市中区金山2-11-1　TEL 052-253-7632
open 8：00〜18：30（LO 18：00）　close 月（祝日の場合は営業、翌休）
JR・名鉄・地下鉄金山駅より徒歩5分　駐車場なし

25

rajakivi 金山

この店名はどう読むの?——二〇一一年から北欧の空気感を伝えてきた「ラヤキヴィ」の旅するような楽しさは、そんなところから始まる。

店主の石塚さんが北欧で体験してきた食文化が豊かに詰まったこのカフェには、他では味わえない時間が流れている。なにしろ「カルヤランピーラッカ」など四種類の自家製パンから選べるモーニングセットもあり、まるで名古屋経由で北欧の街角に出かけたような気分になれるのだ。「ロバーツコーヒー」のコーヒー豆や「コブス」の紅茶など、ドリンクももちろん北欧製。

メニュー　ロバーツブレンド450円〜、紅茶各種500円〜、スモーブロー各種（スープ付き）850円、オフカイセット（フィンランド式パンケーキ）500円〜

注文したパンケーキ「オフカイセット」は、ベーキングパウダーや砂糖を使わない、甘くない生地を専用フライパンで焼いたもの。二種類の北欧製チーズを添えたセットを楽しみつつ、トーベ・ヤンソンのお茶の時間に思いを馳せる。

まだ情報が乏しかった時代からフィンランドを訪れていた石塚さんは、「観光スポットを回るよりも、その空気感を味わいながらゆったり過ごすのが好きでした」と語る。世界で最も幸福度の高い国で過ごした時間が、カフェに結実しているのだ。

ハチカフェ　map...p287-no.23
名古屋市昭和区鶴舞2-16-28　TEL 052-613-8548
open 10:00〜18:00　close 火
地下鉄鶴舞駅6番出口より徒歩8分　駐車場6台

26

ハチカフェ

鶴舞

メニュー　フレッシュタルト各種600円、ベイクドタルト各種450円、サンドイッチ各種950円（セットドリンク各種＋220円〜）

鶴舞公園は名古屋市初の公園。大正時代、ここに作られた動物園が東山動植物園の前身だということ、地元の小学生はみな習うのかしら……などと考えながら鶴舞駅から歩いて「ハチカフェ」に到着した。

白壁にキツネ色の窓枠。隣接するビルの外壁には巨大な数字の8。入口に立っただけで、おもちゃ箱を手渡されたようにわくわくする。

ハチカフェはデザイン会社「エイトデザイン」が開いたタルトとサンドイッチのテイクアウト専門店。一階のイートインでも、隣接する自社ビル「EIGHT TOWN」の二階の家

SIDE MENU
KIDS SET
TODAY'S SOUP
CURLY POTATO
COFFEE
CAFFE LATTE
TEA
OOLONG TEA
ORANGE JUICE
APPLE JUICE
Ciabatta
Focaccia

eight
FUN
INFORMATION

OFFICE DESIGN / CONVERSION
ハチカフェ
EIGHT
8
BIKE STOP

具のショールームでも、ドリンクと一緒に楽しめる。

　栄養豊富なスーパーフードを使ったサンドイッチは、具材やパン、ドレッシングを選んでその場で作ってもらうスタイル。ローストビーフにわさびソースという定番の組み合わせを注文して待っていると、女性二人が入ってきてタルトのショーケースに文字通り、飛びついた。果樹園のようなタルトの光には、みな夢中になってしまうのだ。

　広々としたショールームのテーブルにつき、壁や家具の意匠を見回す間も、わくわくはずっと続いている。

お釈迦さまの遺骨である仏舎利《ぶっしゃり》の存在は、キリストの聖骸布と似ているかもしれない。明治時代にタイ王国から贈られた大切な仏舎利を納めるために建立《こんりゅう》された覚王山日泰寺《かくおうざんにったいじ》。覚王山の町はこの超宗派のお寺を中心に発展してきた。

ぶらぶら歩きも悪くないエリアだ。参道の商店街にはところどころ昭和の長屋の面影が漂い、新しいカフェが目を引く傍《かたわ》らで古い畳店や旅館がひっそりと看板を掲げている。

日泰寺の周辺に横たわる閑静なお屋敷街の一角、テラスの葡萄《ぶどう》棚に緑の房が揺れる「パピトン」で、パイ

27

papiton 覚王山

メニュー　コーヒー 550 円、カフェオレ 600 円、紅茶 670 円、ケーキ各種 500 円〜、焼き菓子各種 150 円〜

パピトン　map…p285-no.19
名古屋市千種区山門町 1-1　TEL 052-752-3146
open 11:00 〜 18:00　close 水木
地下鉄覚王山駅 1 番出口より徒歩 7 分　駐車場 3 台

ナップルのココナッツタルトとコーヒーをいただいた。

可憐な響きの店名は、フランス語で蝶を意味するパピヨンと、音調を意味するトーンを合わせた造語。アンティーク家具を配した上品な空間に、ショパンが愛したフランス製のピアノ「プレイエル」と、パティシエの小島さんが作るケーキや焼き菓子が並んでいる。

季節の新鮮な果実と国産小麦や三温糖から生まれるのは、毎日でも食べられるシンプルなお菓子。庭先に実をつけるブルーベリーもタルト作りに使われるそうだ。

カフェ オプラ　map...p286-no.20
名古屋市千種区今池2-9-10　TEL052-715-7266
open8:00〜18:00（LO17:30）　close火
JR・地下鉄千種駅より徒歩7分　駐車場なし

28

cafe OPLA!

千種・今池

住宅街に蜂蜜色の窓明かりをともすこの素敵なカフェを教えてくれたのは、コロンブックス[*1]の湯浅夫妻だった。湯浅哲也さんがショップカードのデザインを手がけたご縁なのだが、「チーズケーキがおいしいからぜひ食べて！」という夫人の言葉にはお店への愛情が感じられた。

たくさんの人に愛されるカフェなのだ。「カフェオプラ」を訪れるたびに確信を深めていく。

店主の井上安幸さんが淹れる、COFFEE KAJITA[*2]の豆を使ったコーヒーの深々とした味わい。奥さまの恵美吏さんがクリームチーズとマス

＊1　10ページにて紹介。
＊2　228ページに掲載。

メニュー　コーヒー各種430円～、紅茶各種480円～、サンドイッチ各種560円～、チーズケーキ450円、ガトーショコラ400円　※価格変更の予定あり

カルポーネとサワークリームで作る、コクがあるのに重たくないチーズケーキ。さりげないセンスの良さが漂うインテリア。そして何より、夫妻の優しさと自然な距離感。ベビーカーを押すお客さまの出入りを井上さんが素早く手伝う姿も見かけた。

「お店の二人がきちんとわきまえていて、常連客とも決してべたべたしないので居心地がいいんです」と、ほぼ毎日通ってくる男性は言った。

彼は早朝にバイクでツーリングに出かけ、このカフェの開店時刻に戻ってきて窓辺の席でコーヒーを飲む時間をこよなく愛しているのだ。

29

珈琲ぶりこ

上前津

大正時代に誕生した大須商店街の一角、築七十年になる町屋が残っており、二〇〇五年に「珈琲ぶりこ」として再生されて観光客にも商店街の人々にも親しまれている。

かつて呉服店だった一階は主にキッチンに、住居だった二階はカリモクのソファが並ぶくつろぎの空間に変身したが、室内には往年の風情が色濃く残されている。天井や襖《ふすま》も、グラス置き場となった箪笥《たんす》も、元の住人が遺したままなのだ。

「同じ襖紙がもう手に入らないので、破れても張り替えずに補強だけしています」とスタッフ。

メニュー　ラテ各種 480 円〜、パフェ各種 850 円〜、
スチームハンバーグのランチ 850 円〜

コーヒーぶりこ　map...p280-no.04
名古屋市中区大須 3-35-22　TEL 052-238-2789
open 11:00 〜 20:00（LO 19:30）、土日祝＋祝前日 10:00 〜　close 無休
地下鉄上前津駅 8 番出口より徒歩 3 分　駐車場なし

スイーツも食事も種類豊富で、迷っているお客さまには気さくに声をかけて説明するそう。「抹茶ぱふぇ」は開店当初から親しまれてきた一品。最近は〝トキントキン〟[*1]にクリームを絞った「濃厚ほうじ茶ラテ」が人気を集めている。

大須界隈は戦後、都市計画から外れて商店街も寂《さび》れていったが、おかげで現在も不規則な路地に昭和の下町風情をとどめている。近年はコスプレサミットが夏の風物詩となり、世界中から参加者が集まって商店街を練り歩くのだと聞いてびっくり。乱歩[*2]も面白がっているだろうか。

＊1 名古屋の方言で、鋭く尖っていることを表す擬音語。
＊2 江戸川乱歩は大須の元・遊郭だった旅館に滞在していた。

カフェ ヴァンサンヌ ドゥ　map…p276-no.02
名古屋市中区錦3-6-29 サウスハウスビル B1F　TEL 052-963-8555
open 11:00〜23:00、日 11:00〜22:30　close 無休（1/1〜3は休み）
地下鉄栄駅2番出口・久屋大通駅3番出口より各徒歩2分　駐車場なし

30

カフェ ヴァンサンヌ ドゥ

栄・久屋大通

夏の宵。フランスの片田舎の家をイメージして作られたカフェは、仄暗い影の中に沈んでいた。漆喰《しっくい》の白壁もエッチングガラスも木のカウンターも淡いランプの光を受けてウィスキー色に染まり、コーヒーにほんのり酔うような心地になる。

二〇〇〇年にオープンし、夜遅くまでコーヒーが飲める場所として大人たちに愛用されてきたこのカフェの初期の光景について、名古屋のカフェ店主の何人かに「伝説」を聞いた。いわく、マスターもスタッフもみな渋いおじさんで、珈琲店というものについて独自の美意識をぷんぷん匂わせ、それがカッコよかったのだと。

年輩の常連客はみなカウンターに座りたがったが、席にはランクがあり、レジに最も近い席が最上位、離れるほど順位が下がったという冗談も小耳にはさんだ。マスターはいつもレジ横に立ったので、彼と話をしやすい席が好まれたのだ。

当時からメニューの片隅に書かれていたアップルパイが次第に評判を呼び、今やすっかり看板商品になった。若い人々もアップルパイを目当てに来店。焼きた

メニュー　ブレンド2種550円、オレ・グラッセ700円、アップルパイ600円、ハニートースト600円

ての香りと食感を楽しんでもらうために、スタッフは注文を受けてから二十分かけて焼き上げる。

「幅広い年齢層にご来店いただくようになり、スタッフにも若い人間が増えました」と、現ヴァンサンヌを任された店長の原木了さん。

「若いお客さまの多くはカウンターには座らず、テーブルで自分たちの時間を楽しんでいます」

　時代に応じてカフェの利用のされかたは多様化しても、ヴァンサンヌドゥは流行を追いかけず、開店当時からのスタイルを守り続けてきた。コーヒーはエイジングコーヒーを提

唱する東京のロースター、コクテール堂の豆をネルで抽出する。

「メニューにはわかりにくい名前が並んでいますが、お客さまとの会話の糸口になるようにあえてそうしたと代表から聞いているので、忙しいときでも説明する時間を惜しまないように心がけています」

開店当初からの常連客は一日に何度も来店して新聞を読み、スタッフと話していくそうだ。

オレ・グラッセは、冷たいミルクの上にコーヒーを浮かべて二層にした美しい飲みもの。これも長く受け継がれてきたメニューである。

アオイクカフェ　map...p282-no.09
名古屋市名東区野間町53　TEL 052-618-6970
open 11:30〜22:00（LO 21:30）　close 水＋第1＆第3木
地下鉄星ケ丘よりバス、「名東消防署」で下車徒歩3分　駐車場5台

31

aoiku_cafe　一社

街角でふと耳にしたり自分で歌ったりするたびに、なんて素敵な歌なのだろうと何度でも心が動かされる名曲がある。二〇〇九年のオープン以来、カフェ好きの人々に長く親しまれてきたこのカフェもそういう存在なのだと思う。

星ケ丘駅から歩くとすれば三十分近くかかる住宅街に建つ、築三十年のマンション。カフェのある一階は、元は駐車場だったスペース。オーナーの御子柴さん夫妻は自分たちの手で改修を行ない、詩情に富んだ空間を作りあげた。

「名古屋じゅうを回って場所探しをしたのですが、重視したのは街や建物の空気感。ここは当時、隣が緑地で窓から野原が見えた。いいなと思って次の日に一日じゅうこの街を歩いたんです。人の姿は見えないけれど、シャッター商店街のように沈んだ空気感ではなく、爽やかさやあったかさを感じたので決めました」

御子柴哲郎さんは柔らかな口調で言った。

カフェに共感する人々も、店内の空気感を皮膚で感じているのだろう。

植物の枝や茎が幾つもの緑の弧を描く窓辺。手前の部屋には大ぶりのソファ。奥の部屋の古びた白いドクターキャビネットには砂浜で拾った貝殻や珊瑚《さんご》のかけら、不思議なオブジェが並んでいる。

「亡くなった祖父が医者で、形見にその薬棚と体重計をもらったんです。ランプはうちの奥さんのおばあちゃんの嫁入り道具でした」

この空間には歳月を経たものたちが集められ、もう一度大事に使われているのだ。

アオイクカフェが支持を集めているのは、そんな空間の風情ばかりで

はない。食事やスイーツのおいしさと盛りつけのセンス、あたたかな接客も、繰り返し訪れるお客さまを増やしている。

私がいただいた夕方六時からのメニュー、「スモークソーセージとレンズ豆の煮込み」にも彩り豊かなラタトゥイユが添えられ、ピンクペッパーが目にも舌にも快いアクセントを添えていた。三角錐のように積み上げた人参マリネサラダ、ひんやり冷たいワインスプリッツァーと共に、暮れてゆく夏の夕刻を楽しむのにぴったりの一皿だった。

そのお皿は奥さまの作品。旧姓で

ある清水由里子の名で作陶を続けている。暮らしの中にあたりまえのような顔をして溶け込む器、気がついたらそればかり使っていたという器が理想だという由里子さん。カフェの奥には窯も。夫妻は名古屋芸大の卒業生で、もの作りをしながら暮らしてきた。その人生が自然にカフェに表れているのだと思う。

――アオイクカフェとはどういう意味なのですか？

「僕は東京生まれで、大学卒業後は東京に戻ってカフェで働きながら俳優をしていたんです。その時代にプロデューサーにかけられた言葉がアオイクマ。あせらず、驕《おご》らず、怒らず、くさらず、負けない」

他に「あせるな、怒るな……」という言いかたもあるらしいが、「僕は○○ず、と続いて最後に『負けない』で終わるこのアオイクマが好きです」と哲郎さん。

あ、店名には「マ」が抜けていますね？

「アオイクの後ろの空白記号〃」〃がその『間』を表しています（笑）」と聞いて、なんだかますますこのカフェが好きになってしまったのだ。

行列ができるランチタイムを避ければゆったり過ごせるので、豊富な食事とお酒のメニューが並び、キャンドルの灯が揺れる午後六時以降に、どうぞ。

メニュー　ワイン各種650円〜、スモークソーセージとレンズ豆の煮込み1150円、パスタ各種1200円〜、スイーツ各種500円〜

32

Maison YWE 栄・矢場町

高い天窓から真鍮《しんちゅう》ソケットのランプが下がる空間は、どこか温室を思わせる。都市の真ん中で植物や人や文化をみずみずしく育てている温室。

あれは「メゾンイー」が二〇一四年にスタートして一年が過ぎた頃だったと思う。にぎわうランチの波が引いた後、快い落ち着きが漂う店内でワインと料理をいただいた私は、真面目に手をかけて作られた品々にちょっと驚いてスタッフに訊ねたのだった。YWEにはどんな意味があるのですか、と。

「You are What you Eat. あなたは食べたものでできているという意味です。だから契約農家さんから安心できる食材を仕入れて、手作りしているんです」

管理栄養士がいて全店のレシピを考案している、とも聞いた。メゾンイーはMAISONETTEinc. が二番目に手がけた飲食店である。

おいしいランチの場として人気が定着し、最近ではチーズケーキが評判を呼んで待ち行列ができているけれど、そもそもこの飲食店はどんな人々が企画し、い

メゾンイー　map…p278-no.03
名古屋市中区栄3-23-9 2F　TEL 052-684-7486
open 11:30～18:00（LO 17:30）、土日祝 11:00～22:30（LO 21:45）
close 不定休　JR・地下鉄栄駅、矢場町駅より徒歩7分　駐車場なし

メニュー　ホットコーヒー 500 円、スペシャルランチ 1000 円〜、デザート各種 500 円〜

ま何に挑戦しているのだろう？　統括マネージャーである大岩拓己さんにお話をうかがった。

「アパレル会社さんから衣、食、住を提案できるビルを作りたい。二階に飲食店を開きたいと声をかけていただいたのが出店のきっかけです。コンセプトは『あたらしいふつう』。一店舗目のリリと同様に、生産者さんの顔が見える食材を使って、安心、安全な食事ができる飲食店をしっかり作りたいと考えました」

リリとの大きな違いはコーヒー。当時まだ日本に数台しか導入されていなかったスレイヤーのエスプレッ

ソマシンを選択し、東京のオニバスコーヒーが焙煎するシングルオリジンの豆を使って、エスプレッソやドリップコーヒーにも力を入れている。

「オニバスの坂尾さんは生産地に行って豆を買い付けるだけじゃなく、『グアテマラのこの生産者から買った』という情報も持ち帰って一から説明してくれた。僕らがそれに共感していれば、坂尾さんの受け売りだとしても、きちんと感情を持ってお客さまに伝えられます」

　一杯のコーヒーを通して新しい世界に出合う。ここはそんなきっかけを育んでいる温室なのだと思う。

33

TT" a Little Knowledge Store 星ヶ丘

高級住宅地の駅前のゆるやかな坂沿いに続く大型商業施設「星が丘テラス」。三階に上がると遊び心が光る看板が見えてくる。横にすればカタカナの「トド」、縦にすればアルファベットのTTに「"」を添えたもの。この「"」は店名の「リトルナレッジ」、つまり小さな知識や気づきを表している。

「トドは英語のTODOの略。この街で私たちがするべきことを意味しています」とスタッフが教えてくれた。

　陽射しと緑とたっぷりの余白がまぶしいほどの広い空間で、東海三県

メニュー　昼食：定食各種1300円〜、お子様プレート800円、ケーキ各種500円〜、夕食：定食各種1500円〜

トドアリトルナレッジストア　map…p282-no.09
名古屋市千種区星が丘元町16-50 星が丘テラスEAST3F
TEL 052-753-5147
open 11:00〜23:00（LOフード21:00、ドリンク22;30）
close 不定休
地下鉄星ヶ丘駅より徒歩2分　駐車場 ※星が丘駐車場をご利用ください。

を中心に、各地の生産者から直接取り寄せる食材を使った定食やスイーツ、厳選したお酒が味わえる。テーブルに運ばれるのは、いずれも手間と時間をかけて作られた、おいしいものばかりだ。

二〇一八年にこのお店を開いたMAISONETTEinc.は、もともと星が丘に事務所を構えており、自分たちが星が丘テラスに関わることで何を提案できるだろうかと考えたという。そして生まれたのが、食やイベントを通してお客さまにリトルナレッジを持ち帰ってもらえるお店。挑戦はまだ始まったばかりだ。

ごはんとおやつとひとときと　map...p285-no.17
名古屋市昭和区花見通1-19　TEL 070-5260-1719
open 11:00〜14:00　close 木金
地下鉄川名駅より徒歩6分　駐車場 なし

34

ごはんとおやつとひとときと

川名（閉店）

メニュー　本日のおひるごはん 1500円、本日のおやつ、
（2日前までにメールで予約 g.o.hitotoki@gmail.com）

お昼ごはんとお菓子、持ち帰り用のお弁当を供する小さなお店。事前に予約が必要だが、滋養に満ちたおいしさが人々を惹きつけている。

五月の晴れたお昼どき、テーブルに並んだのはほっくりした豆ごはんとカリフラワーのすり流し。おかずは自家製がんもどきを中心に、春大根とグリンピースの塩麹《こうじ》炒め煮、新じゃがとブロッコリーのアマランサス和えなど五品。

長芋を少しだけ加えて作るというカリフラワーのすり流しの、沁みるような滋味。あの野菜がこんなに深い満足をもたらしてくれるなんて知

ってた？　と自分に訊いてしまう。
「食べ物の中で野菜が一番好きなのでこんな感じになりました」と、ひとりでオープンキッチンに立つ店主のえりさんは気負わずに語る。
「時にはしらすのような小魚も使うし、鰹節《かつおぶし》やいりこ、昆布のだしを料理によって使い分けています」
　レシピというほどたいそうなものはないと笑っているけれど、煮る、焼く、和えるなどの調理法と旬の野菜を組み合わせて日替わりでおかずを作っていくには、経験とセンスが必要。細かな下ごしらえのために、彼女はずっと手を動かしている。

霧雨の夜、ビジネスホテルに帰る道すがら、暗い舗道に浮かぶ怪しげな窓明かりを見つけた。階段を上がっておそるおそる扉を開けると、ふわりと暖かい空気に包まれた。

ベランダの手すりや店内の壁に無数のフェアリーライトが発光する、素敵にロマンティックな空間。カウンターに立っていた男性がいらっしゃいませと迎えてくれる。

グラスワインを飲もうと決めて食事のメニューを眺め、このお店に入ったのは正しかったなと思う。空腹の人も何かちょっとだけ食べたい人も、お酒を飲む人も飲まない人も満

メニュー　カフェラテ500円、カクテル800円〜、デリ・キッシュ各種500円、21時以降チャージ500円

35

Anplagd Cafe & Stand

新栄町

アンプラグド カフェ アンド スタンド　map...p285-no.18
名古屋市中区新栄1-8-11 2F　TEL 052-212-8696
open 18:00〜27:00、土日12:00〜27:00　close 不定休
地下鉄新栄町駅より徒歩6分　駐車場 なし

足できる構成なのだ。三種類のデリを選んでひと息入れ、あらためて店内を眺めた。

店主は市原拓己さん。インテリアも料理も自身で作っているという。「十数年前、郊外にアンプラグドというカフェがあってそこで働いていたんです。そのカフェが閉店した日付の十年後の翌日に自分でこのお店をオープンしました」

お客さまはひとりで来店して隣の席の人と仲良くなったり、カップルで深夜にラテとスイーツを楽しんだりと、「プラグを抜いた」自由な時間を満喫しにやって来る。

ヴァゴット ブレッドファクトリー　map...p284-no.14
名古屋市天白区菅田2-603　TEL 052-715-9611
open 9:00〜19:00　close 月
地下鉄植田駅・野並駅よりバス植田11系統に乗り「海老山」下車すぐ
駐車場14台

36

VAGOT BREADFACTORY

植田・野並よりバス

一九六五年創業、全国に知られる有名喫茶チェーンなどにパンを卸して名古屋のモーニング文化を支えてきた歴史あるベーカリー「フランスパン」。二〇一七年に「VAGOT」として再出発し、青空に真っ白な外観が映える新店舗をオープンした。

広々としたパン売り場で真っ先に目につくのは、半世紀にわたって愛されてきた食パンの棚。ふわふわに柔らかくきめ細やかで、二日経ってもしっとりした食感を保っている秘《ひ》訣《けつ》は、限界までゆるく仕上げる生地作りにあるらしい。

明るい窓辺には現在を感じるヴィ

メニュー　コーヒー150円、カフェラテ150円、パン各種200円〜、イギリス山型食パン2斤500円

エノワズリから昔ながらの懐かしい菓子パンまで、バラエティに富んだパンの数々が並んでいる。

老舗の新時代を任されたのは創業者、五藤正春氏の孫にあたる五藤洋子さん。

「食パンはお客さまのお好みをうかがってスライスします。一斤の半分はサンドイッチ用に薄く、残りはトースト用に厚く、といったご要望にもお応えします」と、サービスも食パンに負けないきめ細かさなのだ。

イートインの壁は創業者がイメージカラーに選んだ深いブルー。誠実を表す色なのだという。

「ダーシェンカ」は愛知県額田郡《ぬかた》の田園地帯に本店を構える石窯パンのお店。自家製フルーツ酵母と国産小麦、オーガニック認定を受けたナッツやフルーツを素材に、弾力に富んだ香ばしいパンを焼きあげている。店名は作家カレル・チャペックが愛をこめて絵本に綴った、パンが大好きな子犬の名前からとられた。

名古屋の中心部から少し足をのばし、絞りで有名な有松の町を訪ねると、江戸時代の商家の面影が残る東海道沿いの一角に、旧絞り問屋を改修したダーシェンカ有松店が可愛い犬の看板を出していた。

メニュー　オーガニックコーヒー400円〜、スープ・ポタージュ各種400円〜、自家製レモンスカッシュ500円、自家製ジンジャーソーダ割500円

37

ダーシェンカ・蔵

有松

ダーシェンカ・くら　map...p281-no.07
名古屋市緑区有松2304　TEL 052-624-0050
open 10:00〜18:00　close 月火
名鉄名古屋本線有松駅より徒歩3分　駐車場なし

そこは昭和初期に建てられた神谷半次郎邸。日本料理店とダーシェンカがシェアしており、門をくぐって奥に進めば、おいしいパンが並ぶ棚と大きな石窯が待ち受けている。

とりわけ人気のパンは店名を冠した「ダーシェンカ」と、新発売の「有松絞りパン」。地元の高校生たちが町おこしのために企画したそう。

気持ちのいい中庭や二階にイートインが用意されているが、私はレジ横の一角で、色とりどりの有松絞りの手ぬぐい越しに射す光を眺めながら、いい香りのパンとスープのひとときを噛みしめた。

コラム

名古屋の食文化

都市が作家に与えた影響は、都市とカフェの関係性と同じように興味をかきたてる。

昭和時代の名古屋・大須《おおす》は、東京・浅草と相似形をなしていた。ともに観音さまのおわす寺の門前町であり、そばに遊郭がひかえ、一大歓楽街としてにぎわった後に、寂れた。

この二つの街にゆかりの深い作家がいる。浅草生まれの池波正太郎と、上京するまで名古屋で幼少期を過ごし、浅草の雑踏を舞台に小説を書いた江戸川乱歩である。

食通と呼ばれた池波正太郎は、名古屋においても「散歩のとき何か食べたくなって」、

大須の店々に通っている。

エッセイに登場する料理の中には、鳥すきやきなど名古屋らしさを感じるものもあるが、池波は奇をてらわない味を好み、中華食堂の野菜いためや、関東風おでん屋さんの「どこがうまいかと尋《き》かれても返事に困る」ような昔ながらの味を頑《かたく》なに愛した。もしこの時代に「名古屋めし」があったとしても、さほど関心を示さなかったのではないかと思う。

江戸川乱歩は名古屋に滞在する際に「大須ホテル」を常宿としていた。大須ホテルはかつて旭廓《あさひ》の中で最大の遊廓だった建物を旅館に転用したもので、物好きにも乱歩はわざわざ他の客部屋から離れた、陰鬱な気配の漂う部屋を選んで宿泊していた。

名古屋のカフェの本棚で見つけて購入した『乱歩と名古屋』の著者は、時代の流行をいち早く作品に取り込みながら、一方では時代に背を向け、うらさびれた街の風情を好む乱歩の矛盾をはらんだ感性に、モダニズム期の名古屋の影響を見出している。

「名古屋はその固有性というものに一種独特の揺らぎをもっているのかもしれない。東と西の文化圏に挟まれ、双方の文化を吸収、もしくは回避することのできる土地——革新と保守、そのどちらの形態をも時に応じて、必要に応じて取ることのできる土地」(『乱歩と名古屋』小松史生子)

相反する要素の間で、表裏を返しながら揺らぐ街。その風景の中をぶらついた二人の作家。彼らもきっと途中で喫茶店の扉を開け、濃いコーヒーを啜ったのではないだろうか。

喫茶好きのはじまり

名古屋の人々の喫茶好きは、お殿さまのお茶好きに始まる。江戸時代の尾張藩主たちは茶の湯を愛し、とりわけ七代藩主・徳川宗春《むねはる》が遊興を奨励して名古屋に空前の繁栄をもたらしたため、広く庶民にまでお茶文化が浸透した。

やがて明治時代に入ると、近くの西尾で抹茶の栽培が本格化する。どの家にも野点《のだて》の道具があり、農村でも毎日、野良仕事の合間に抹茶を点てて一服を楽しんだ習慣が根づき、「どこかに出かけたら喫茶店に寄るのが当たり前」の生活へと続いてきたのだ。

錦の繁華街の横断歩道横には金色に輝く「開運ポスト」が設置されており、その上に宗春の像が座り込んでいる。友人に宛てた絵葉書を投函しながらなぜか照れてしまったが、カフェ好き、喫茶店好きとして徳川宗春に心から感謝を捧げたい。

名古屋喫茶のコーヒーは味噌に通じる？

大正の終わりから昭和の初めにかけての愛知県の食生活を、多数の飲食店や都市部・農村部の主婦に取材してまとめた『聞き書愛知の食事』（社団法人農山漁村文化協会）という面白い本がある。

それによれば、「愛知の味噌を語らずに、

愛知の食を語ることはできません。寒に入ると、尾張・三河の平野でも、奥三河の山間地でも、家ごとに味噌づくりがはじまります。愛知の豆味噌は調味料にとどまらず、〝食べる味噌〟でもあります。この食べる味噌の特徴を生かして工夫された郷土料理が「いなまんじゅう」です。（中略）愛知の味噌の第二の特徴は、調味料としての包容力の大きさにあります。どんな素材にも合うのです」。

豆味噌のもつ濃厚さ、旨みの強さ、そして渋みと微かな苦みが、この地方の味の基本なのだ。昔ながらの名古屋の喫茶店のコーヒーの味も、やっぱり濃厚で苦いのが基本だ。

そしてこの豆味噌、煮立てると風味がとんでしまう他の味噌とは違って、煮込むとおいしくなるという特徴がある。ネルドリップしたコーヒーをもう一度ドリップする「二度濾し」というユニークな技法を生み出した喫茶店は、もしかしたら豆味噌の流儀が無意識に沁み込んでいたのかもしれない。

名古屋喫茶はすべてを融合する

「名古屋めし」というネーミングは、飲食店グループ「ゼットン」が二〇〇一年に名古屋から東京へ進出するにあたって発案したと言われる。東京・恵比寿にその「ＺＥＴＴＯＮ」がオープンした当時は、洒落たカフェとして雑誌に紹介されることが多かったのを思い出す。メニューには味噌串カツやひつまぶしが顔を出し、まさに今、多くの人がイメージする「名古屋めし」の基本があった。

小倉トーストや鉄板スパゲッティなど、喫茶店生まれの名古屋めしもある。コメダ珈琲店の全国進出に伴って小倉トーストもひろまり、東京のカフェのメニューにもよく採用されるようになった。

もうひとつのコメダ名物がシロノワール。初めて私がその名前を聞いたのは二〇〇〇年、東京・代官山にオープンしたeau cafeの取材をしている時だった。店長の女性が名古屋出身で、「帰省するたびにコメダ珈琲店でシロノワールを食べる」というのだ。「城のワル？」と私は聞き返した。

ノワールとはフランス語で黒。白いソフトクリームと黒っぽいデニッシュ生地。冷たいものと温かいもの。糖分と塩分。白と黒。東と西。

「相反するものを一つにするという構造から〝シロノワール〟という名前に決定しました」とコメダ珈琲店の公式サイトには書かれている。フランス語と日本語まで融合させて、シロノワールは東西の文化圏のはざまに生まれた、独自の名古屋食文化の象徴となったのだ。

3章 喫茶店今昔物語

珈琲専門店 蘭

喫茶
ニューポピー

きっさニューポピー　map...p274-no.01
名古屋市西区那古野1-36-52　TEL052-433-8188
open 月～木＋日8:00～18:00、金土8:00～22:00　close 不定休
地下鉄国際センター駅より徒歩6分　駐車場 なし

38 喫茶ニューポピー

国際センター

二〇一九年一月にオープンし、熱い注目を浴びている新世代喫茶。濃密な喫茶文化を醸成してきた名古屋における驚嘆すべき進化形がここにある。

生粋の喫茶店育ちである店主の尾藤雅士さんがこのお店にかけた熱量を知れば知るほど感動してしまう。

二階と中二階、吹き抜けを設けたインテリアは、一見、古典的純喫茶を完璧に復刻したかに見えながら、じつはきわめて現代的で洗練されている。喫茶ニューポピーが未来へと続き、半世紀後に若者たちの目に「令和レトロ」と映ることを想像して作られているのだ。未来から照射した喫茶店のかたち。

いかにも昭和的な香りの店名にも、ファミリーヒストリーが織り込まれている。一九七七年、尾藤さんが生まれる前に両親が「喫茶ポピー」を開業。母の孝子さんが好きな花を店名にしたそうだ。父が早くに他界した後、孝子さんがひとりでお店を守り続けた。やがて尾藤さんが二十八歳でお店を継ぎ、カウンターに立つ。

「常連客にマスターとか呼ばれて、自分にもできるんだ！　と思ったんですが、大いなる勘違いでした。ずっと母が作ってきたお店だからこそ、みんな『息子なら応援してやろうか』と思ってくれたんですね」

喫茶ポピーは「なんのひねりもない」喫茶店で、若い尾藤さんにとっては魅力に乏しいお店。二〇一〇年にポピーをたたみ、焙煎技術を身につけてロースター「BEANS BITOU」を開業したが、簡単には軌道に乗らなかった。

「それでやっと『歴史に勝るものはない』と気づいたんです」

メニュー　コーヒー各種550円〜、鉄板小倉トースト750円、
ポピーのカレーライス850円、モーニングセット各種

約三十年間、人々に親しまれてきた両親の喫茶店のかけがえのない歴史。その記憶と自分の理想とする喫茶店を融合させたのが「喫茶ニューポピー」なのだ。

「ポピーという花は可愛らしいけれど、ケシ科の植物で毒もある。そんな表裏一体もいいと思いました」

新ポピーのロゴは、旧ポピーのロゴの「。」の位置を微調整してそのまま使っているそう。

空間作りに未来からの視線を取り入れたのは、建築家の市原正人さんのアドバイスだった。

「最初は典型的な昭和の純喫茶のシ

ャンデリアにするつもりだったんですが、市原さんにナンセンスだと言われて。『現在まで残っている喫茶店の内装は、昭和四十年代に最先端だった北欧デザイン。それが半世紀経って昭和レトロと呼ばれるようになった。だからこのお店も現代の家具を使って長く愛されるお店を目指しましょう』と言われたんです」

的を射た提案だと思う。タイルや壁紙の柄、床板の貼りかた、カウンターに埋め込むコーヒー豆の面積など、微妙なディテールまでこだわり抜いた空間は、市原さんと対話を重ねて完成したもの。

自家焙煎するコーヒーも、伝統的な深煎りのポピーブレンドと現代的な浅煎りのニューポピーブレンドという二種類の他に、シングルオリジンを揃えている。

昔の喫茶店の多くはコーヒーを粉の状態で配達してもらい、大きなネルで一度に何十杯分も抽出しておいて、注文を受けたら小鍋で温めて提供するというスタイルだったが、それでは味が劣化する要素が揃ってしまう。ニューポピーは注文を受けるつど新鮮な豆を挽いて、一杯ずつお客さまの目の前で抽出する。これも現代の自家焙煎コーヒー店なら当然の進化のひとつ。

おまけに尾藤さんはコーヒーの生産国、東ティモールに自ら出向き、レヌマタ

村の農家と直接契約しているのだ。その方法で生産者の生活を支えられるし、お客さまにコーヒーについて質問されたときに自分で見てきた確かな情報を伝えられるから。

令和の喫茶店がロースターとしても最前線にいるなんて、もう驚くばかりではないか。

階段を上り下りして接客している白髪の女性は母の孝子さん。笑顔がとても美しい。毎日、小倉トーストにのせるあんを炊くのも孝子さんの担当だそう。

「一緒に働いていると喧嘩ばかりなんです。明日こそは母に感謝を伝え

たい、明日こそは、と思いながらここに立っています」

そんな尾藤さんが伝票の裏に綴った「伝票ポエム」には、両親への感謝と喫茶店という場所への愛情が滲んでいた。

ああ、もうコーヒーでごはんを炊く名作カレーライスなどについて書くスペースがないので、ぜひ一度訪れて味わってくださいね。

帰るときに「行ってらっしゃいませ！」と声をかけられた。なぜそういう挨拶なのですか？

「母がポピーでずっとそうしていたんです……行ってらっしゃいませ」

39 喫茶、食堂、民宿。なごのや

国際センター

喫茶店好きの人々に「なごのや（旧西アサヒ）」として新旧セットで知られるお店。西アサヒは一九三二年頃に開業し、二〇一三年に惜しまれつつ幕を閉じるまで、現存する名古屋最古の喫茶店のひとつだった。

その建物を受け継いだなごのやは、活気を取り戻した円頓寺《えんどうじ》商店街のランドマークとして、大きなガラス窓にオレンジ色の灯をともしている。

訪れたら一度は注文したいのがタマゴサンド。具は焼きたてのふわふわ厚焼きたまごと、キュウリのからしマヨネーズ和え。サンドイッチに触れると、たまごの熱が食パンごしにほんのり伝わってくる。

往年のレシピは残されていなかったため、代表の田尾大介さんは「西アサヒのタマゴサンドはどんな味でしたか」と、常連だった人々から記憶を集めた。「たまごの状態、パンの形と大きさなどいろいろ聞いたんですが、人によって言うことが全部バラバラ（笑）。味の記憶は意外にあやふやなんですね」

きっさ、しょくどう、みんしゅく。なごのや　map…p274-no.01
名古屋市西区那古野1-6-13　TEL 052-551-6800
open モーニング8:00～10:00　喫茶11:30～18:00
夜喫茶18:00～22:00（LO21:00）　close 月
地下鉄国際センター駅2番出口より徒歩5分　駐車場 なし

Take Out Coffee
・なごのやブレンドコーヒー
HOT・ICE 300yen
・タンブラー・マグカップ
持参の方 280yen
・なごのやブレンド珈琲豆 100g 700yen
NAGONOYA
ブレンドcoffee

みんなの思い出を大切にしながら試行錯誤を重ねて、「懐かしいあの味」「うん、おいしいね」と納得してもらえる味に落ち着いた。

照明やソファなどが往年の面影を伝える二階はゲストハウスとして国内外の宿泊客を迎えている。

「きっかけは円頓寺商店街の空き店舗をリノベーションして、古いお店の歴史が途絶えないように新しい人と一緒に復活させるというプロジェクト。僕はゲストハウスとカフェを作って地域の人と世界の旅人が集まる場にするというプランを持っていて、チームに引き入れてもらった」

メニュー オリジナルブレンド400円、ビール550円〜、タマゴサンド750円、定食各種900円〜

時間をかけてプロジェクトを進めてきた中心人物は、喫茶ニューポピー*の内装も手がけた建築家の市原正人さん。沈んでいた古い商店街は見事に息を吹き返し、若者や旅行者を惹きつける街へ変貌した。奇跡と呼ばれ、脚光を浴びる商店街の復活。そのシンボルがなごのやなのだ。

「こうして地元の人がご飯を食べに来てくれていて、もう少し夕方になると海の向こうから来た人がチェックインして、ここでドリンクを飲む。世代を超え、国を超えて同じ場所に人々が居合わせ、思い思いに過ごす光景を見るのが嬉しいんです」

＊154ページに掲載。

きっさリバー　map...p275-no.01
名古屋市中村区椿町12-12 ホリエビル　TEL 090-6380-1110
open 10:00～18:00（LO 17:30）　close 日祝
JR名古屋駅太閤口より徒歩5分　駐車場 なし

40

喫茶River　名古屋

名古屋駅は巨大なタイムマシンを思わせる。この装置の東側に出れば現代、西側に出れば昭和時代。駅中央の自由通路を通って時間旅行ができる。

ところが近年、リニア中央新幹線計画をきっかけにタイムマシンが作動しなくなり、駅西に出てもひなびた昭和散歩ができなくなりつつある。

急速に解体されていく街の記憶。ホリエビルはそんな駅西の一角に建つ築五十年の小さなビル。一階の手前半分は全国のフリーペーパーを集めた「ONLY FREE PAPER NAGOYA」、その奥に「喫茶リバー」がある。

二〇一八年にオープンした新しい喫茶店ながら、メニューは懐かしいものばかり。メロウグリーンの壁に映えるクリームソーダ。ホットケーキ。訪れた人々は好きなフリーペーパーをもらって喫茶リバーの椅子に腰かけ、クリームソーダなど飲みながら、発行者の偏愛や魂の叫びや無意味な探究を楽しんでいる。

「このビルは祖父が家業の社屋として建てたんです」と喫茶マスターの堀江善弘

さんは言った。だからこんなに天井が高いのだ。

フロアを分け合うフリーペーパー専門店は、兄の堀江浩彰さんが手がけている。浩彰さんはデザイン会社のプロデューサーとして活躍するかたわら、『屋上とそら free』というフリーペーパーを発行するユニークな屋上写真家でもある。

「いつか自分の屋上を持ちたいと思っていました」と浩彰さん。テナントが退去したのをきっかけに、自身がビルのオーナーになった。ホリエビルにはぽかんとした空地のような小さくて素敵な屋上があるのだ。

「かつてはこの先に巨大な遊郭があって、そこへ向かう道の商店街がにぎわい、サブカルチャーやアンダーグラウンドな文化の匂いが漂っていた。この界隈は青果市場の町で、朝早くから営業する喫茶店も周辺に数多くあったんです」

それらは時代の波にのまれて姿を消していった。そしてまた、次の波が来る。

「リニア駅開発が進む前に、土地の歴史にふさわしい、わけのわからないお店を作りたかった」という浩彰さんの存在が、界隈に刺激的な渦を生みだしている。

ところで、店名が気になるのですが――「昔は近くに川が流れていたんです。そこは伊勢神宮の神領で、お伊勢川とか笈瀬《おいせ》川とか呼ばれていたそうですよ」

メニュー　コーヒー390円、クリームソーダ500円、ホットケーキ590円、
本日のランチ900円

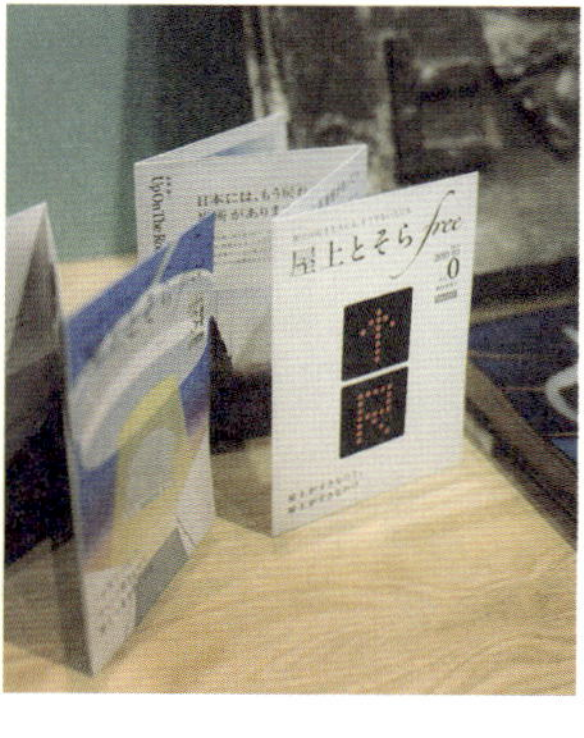

41

喫茶ゾウメシ

亀島

もしかしたらメニューに並んでいるものは全部「名物」？——そんなふうに思わせてくれる、何を注文してもきちんとおいしい喫茶店。

たとえば濃厚なカスタードプリンは、昔ながらのねっとりした硬さに仕上げるために八十分もかけてじっくりと蒸し上げる。コクのあるカラメルソースは、隠し味にみりんを加えているそう。

五センチもの厚焼き玉子をはさんだサンドイッチには、Lサイズの卵が三、四個投入されている。溶き加減と火加減に注意しながらきれいに焼いて、自家製の肉味噌を挟む。こ

きっさゾウメシ　map...p275-no.01
名古屋市西区菊井 1-24-13　TEL 052-565-0500
open 10:00 ～ 18:00（LO 17:00）、土日 10:00 ～ 21:00（LO 20:00）
close 火
地下鉄亀島駅より徒歩 10 分　駐車場 7 台

の肉味噌がまた玉子によく合うと評判なのだ。

ほぼすべての料理に使われる肉味噌の存在感。愛知県で昔から作られているのは豆味噌で、「喫茶ゾウメシ」では豆味噌に合挽肉やショウガ、みりんを加えて肉味噌を作っている。「喫茶ゾウメシ」を出店したのが、家族ぐるみで天然醸造の生味噌作りを続ける愛知県西尾市のお味噌屋さん「今井醸造」だと知って、なるほどと思った。

もともと喫茶店だったという空間は意外に広く、奥にお座敷もある。オーナーが「子ども連れの家族にも

ゆったり楽しんでほしい」と、座敷に改装したのだという。

そもそもなぜ小さなお味噌屋さんが喫茶店を始めたのだろう？　その背景には人々の生味噌離れがあった。便利な即席味噌汁の利用が広まるなか、手間をかけて仕込んだ生の豆味噌の魅力をもっと身近に感じてほしいと、三代目が移動販売の「ぞうめし屋」を始めたのが二〇一二年のこと。その味は着実にファンを増やしていき、二〇一五年に西尾市内にカフェ食堂を構えたのだった。

そして二年後、名古屋に誕生したのが喫茶店スタイルの喫茶ゾウメシ。一号店のロゴの象はおにぎりのように丸く、鼻先につかんでいるのはご飯茶碗。二号店の象は角ばっていて、鼻先にコーヒーカップ。二種類の象が店内にもエントランスの周りにもあしらわれていて、ふっと心を和ませてくれる。

鮮やかな青色のクリームソーダに浮かぶアイスに象のクッキーを追加しつつ、なぜ象なのかしらと首をひねる。象印マホービン？　店長さんいわく、「オーナーが最初のお店を始めるときに、当時四歳の息子さんに『名前は何がいいかな？』と訊ねたら、すぐに『ぞうめしや！』と返ってきたそうです」。

四歳にして、なんて秀逸なセンスなのだ。

メニュー　クリームソーダ550円、カスタードプリン450円、
肉みそのり玉プレート860円、味噌煮込みうどん各種950円〜

42

シヤチル

今池

「グランド喫茶」という独自のコンセプトを掲げて二〇一八年にオープン。午後の店内には人々の談笑の声が満ちている。「グランド」も「喫茶」も昭和期に流行した言葉なのに、組み合わせると新鮮で、しかもひどく懐かしい。どこか夜の空気を連想させもする。その意味するところは？

「名古屋の喫茶店はがっつり食べられる食堂のような存在。それをベースにお酒の種類を豊富に揃え、朝から晩まで使えるよう喫茶店の枠をひろげたい。喫茶店にはポテンシャルがあります」

そう答えてくれたのは、友人の山本篤志さんと二人で「シヤチル」を開いた安井俊介さん。ロンドンが発信するカルチャーに惹かれて渡英していたが、山本さんから「一緒に何かやるなら今しかない」という連絡を受け、決断の末、急遽帰国したのだった。

山本さんはシヤチルのキッチン担当。もともとこの場所で肉料理を中心とする

シヤチル　map…p286-no.20
名古屋市千種区今池１-５-９　TEL 052-551-6800
open 11:30〜23:00、土日７:30〜23:00　close 第２＆４月
地下鉄今池駅、JR・地下鉄千種駅より徒歩５分　駐車場 なし

飲食店を営んでおり、安井さんが空間作りに参画していたのだ。

メニューを眺めるだけで楽しくなってしまう。同じ千種区にある「R ART OF COFFEE」に焙煎を依頼したコーヒーからオリジナルカクテルまで取り揃え、軽食、空腹を満たす丼もの、スープにサラダ、お酒のあての小皿料理、スイーツと、どんな状況で訪れても受け止めてくれる完璧な構成。王道メニューとツイストを加えたメニューが入り交じり、ひとつひとつ、これはどんな料理ですかと訊ねたくなる。山本さんが腕の立つ料理人だからこそ実現できたのだろう。

喫茶店の進化形。それは二〇〇〇年前後に東京のダイナーカフェが提示した理想と重なって見え、歴史は螺旋《らせん》のように上昇しながら回るのだなと思う。ではなぜ、シヤチルはカフェではなく喫茶店なのだろうか。

「祖父が一宮市でスイスという百席くらいある大きな喫茶店を開いていたんです。閉店後、蔵にしまわれていた家具を譲り受けてここで使っています」

一宮市はモーニング文化発祥の地と言われる。喫茶店好きの遺伝子が安井さんにも受け継がれたのかもしれない。今後の展開が楽しみなシヤチルの窓辺に、「鯱《しゃち》」のネオンサインが輝く。店名は名古屋のシンボル、シャチホコの動詞形らしい。

メニュー　シヤチルブレンド350円、生ビール450円、サンドイッチ各種650円〜、デザート各種200円〜

ボンボン　map...p276-no.02
名古屋市東区泉 2-1-22　TEL 052-931-0442
open 8:00 〜 22:00（LO 21:45）
日祝＋お隣の天津楼がお休みの日 8:00 〜 21:00（LO 20:45）
close 無休　地下鉄高岳駅より徒歩 4 分　駐車場 33 台

43

ボンボン

高岳

七十年にわたって老若男女に愛されてきた、名古屋を代表する洋菓子と喫茶の名店。サバランやマロンといった昔ながらの洋菓子と、季節の新しいケーキを楽しむ人々で、店内はつねに活気に満ちている。

運がつくようにと「ン」を二回重ねた可愛い店名は、砂糖菓子のボンボンのことも意味するそう。

始まりは先々代がドイツ人俘虜《ふりょ》からパンやお菓子の製造技術を学んだこと。先代が洋菓子店を構え、まだ冷蔵ケースがなくバタークリームが主流だった時代に、いち早く高級生クリームのケーキを打ち出した。

メニュー　コーヒー350円、モーニング350円〜、ケーキ各種230円〜

「いいものをお値打ちに」が先代の信条だったという。名古屋の人の心をつかむ言葉だ。建物は一九六七年に火事で全焼して再建されたものだが、可能な限り以前の内装を復元しており、ソファを張り替えながら現在もその空間を守り続けている。

お店の方が、毎朝タクシーで通ってきた高齢の女性の思い出を聞かせてくれた。必ず同じ席に座ってモーニングと甘味。彼女が食べ終えたお皿を脇に片づけると「みつ豆を持ってきてくれ」の合図だった。亡くなった今でも、ご家族が墓前に供えるためにみつ豆を買いに訪れるそうだ。

コンパルの名物の隠し味はいずれも「ダブル」である。

名古屋に行くたびに食べたくなる絶品エビフライサンドは、自社製のカツソースとタルタルのダブルソース。その旨みがぷりぷりの海老フライと千切りキャベツ、玉子のおいしさをいっそう引き立てる。

もうひとつの名物アイスコーヒーも、「二度漉し」というユニークな抽出方法を継承してきた。ネルドリップしたコーヒーをもう一度コーヒー粉の上に注いで、濃厚な風味を引き出すのだ。濃厚な旨みのしめくくりには濃厚なコーヒーが合う、とい

44

コンパル 大須本店 上前津

コンパル おおすほんてん map...p280-no.04
名古屋市中区大須3-20-19 TEL 052-241-3883
open 8:00〜21:00（LO 20:45） close 第2&第4月
地下鉄上前津駅より徒歩5分 駐車場なし

メニュー コーヒー350円、モーニング350円〜、ケーキ各種220円〜

うのが名古屋喫茶の美意識。

アイスコーヒーを注文すると、デミタスカップに入った熱いコーヒーと、氷をたっぷり入れたグラスが運ばれてくる。お客さまが自分でグラスの上にコーヒーを注ぐと氷が溶けて、ちょうどいい濃さになるよう緻密に計算されているのだが、私は注ぐときに毎回ちょっとこぼしてしまう。いつまでも上達しないのも、きっと楽しみのうち。

メイチカなどにも店舗があるが、おすすめはクラシカルな内装の大須本店。深緑の壁のタイルに、熟成ワイン色の椅子がよく映える。

コーヒーせんもんてん らん　map...p277-no.02
名古屋市中区丸の内2-13-8　TEL 052-201-8420
open 7:30〜17:00　close 土日祝
地下鉄丸の内駅より徒歩5分　駐車場 なし

45

珈琲専門店 蘭

丸の内

メニュー　ブレンド、ストレート各種450円〜、クリームフロート各種650円、トースト各種450円〜、蘭スペシャル850円

静かなオフィス街の一角で一九七一年に創業した喫茶店。美しい蘭の鉢植えがお客さまを迎える。

マスターの柴田守さんが二〇一八年に倒れて急逝したため一時閉店していたが、三ヵ月後に隣のお花屋さん「花水月」の姉妹が再開させ、常連だった人々を喜ばせている。

「毎日、蘭のモーニングを出前してもらっていたんです」と店長の永井博子さん。サイフォン抽出の特訓をして、大家さんと常連客に試飲してもらい、往年の味を再現した。

「マスターはいつも白衣姿で、寡黙な人でしたが、うちのトイプードル

を可愛がってくれて、勝手に蘭の看板犬にしてました（笑）」

一月の大雪の朝、蘭のシャッターはいつもの時間に上がらなかった。店内には白衣が脱ぎっぱなしになったまま。みんなが「マスターは？」とうちに訊きに来た、と花屋の美和子さんに振り返る。

「山のロッジのような二階席のあるレトロな空間を残したくて」、姉妹で蘭の存続を決意したのだ。

いただいた「蘭スペシャル」は、人気だったチーズトーストをアレンジして、コーヒーとザワークラウト、ゆで卵をセットにした「お値打ち」の品。

46

西原珈琲店

本山本店

本山

店内に足を踏み入れると日常の世界がすっと後退する。カウンターを照らす青白い光。壁を飾るロールストランドやロイヤルコペンハーゲンのイヤープレート。黒光りする柱。この静かな水底に自分をかくまう——そんな気分になる。

神戸のロースターから豆を取り寄せる炭火焙煎珈琲のブレンドと、温度や蒸し時間にこだわって作るプリンを楽しみながら読書に没頭した。

一九八八年、西原憲明さんがこの珈琲店を作った当時は明るく開放的な造りの喫茶店が主流で、隠れ家にこもって自分の時間に沈潜するよう

にしはらコーヒーてん もとやまほんてん　map…p286-no.21
名古屋市千種区四谷通1-8 ラフォーレ四谷3F　TEL 052-781-4826
open 10:00〜22:00　close 無休
地下鉄本山駅5番出口より徒歩1分　駐車場 なし

メニュー　ブレンド、ストレート各種570円〜、本山ロール500円、西原プリン600円

な造りは工事の人々にも理解されにくかったという。

隠れ家の空気を守るためには細やかな配慮が必要だ。

「スタッフにはお客さまと親しく話さないようお願いしています。近しい関係になると、混雑しているときに『このお客さまは常連だから注文を後回しにしていい』などと勝手に判断するようになる。常連客も初めてのお客さまも同じように大事にしてほしいんです」

歓楽街の錦にほど近い栄店は、夜になるとそんな距離感を好ましく思う大人たちの憩いの場となる。

コーヒーもん　map…p276-no.02
名古屋市東区橦木町 1-15　TEL 052-559-0759
open 8:00 〜 18:30（LO 18:00）、土日祝 9:00 〜 17:30（LO 17:00）
close 不定休　地下鉄高岳駅より徒歩 10 分　駐車場 なし

47

珈琲門

高岳

カレーがおいしい喫茶店ではときどき逆転現象が起こる。あまりにもカレーが評判になって「珈琲屋と思われてないんです」と、店主の古川正弘さん・佳奈さん夫妻は笑う。

それを知ってか、私を「門」[*1]に案内してくれたコロンブックスの湯浅さんは、カレーもコーヒーもしっかり勧めてくれた。

甘みを抑えつつ旨みを引き出すために圧力鍋で加熱する玉ネギと、牛スジや豚骨からひくスープがカレーの決め手。ごはんは正弘さんの実家、新潟の米農家から取り寄せるコシヒカリ。季節のカレーも次々に登場

＊1　10ページにて紹介。

メニュー　コーヒー各種450円〜、カレー各種700円〜、サンドイッチ各種600円〜
自家製わっふる500円〜

して、通いつめたくなる。COFFEE KAJITA[*2]にブレンドを特注するスペシャルティコーヒーは、忙しいお昼どきでも簡略化せず丁寧に一杯ずつ抽出。しめくくりまで上等なのだ。

創業は一九五七年。佳奈さんの祖母が始めたお店を夫婦で受け継ぎ、二〇〇九年に現在の場所に移転。

お店の前の国道四十一号線には、道路の中央に樹齢三百五十年になるクスノキが遺され、豊かに枝をひろげている。正弘さんは毎朝、お店に到着するとまずコーヒーを淹れ、佳奈さんがそれをクスノキの根元に供えに行くそうだ。

*2　228ページに掲載。

べらコーヒー さかえてん　map...p278-no.03
名古屋市中区錦3-21-18　TEL 052-951-8658
open 7:30〜18:30（LO 18:00）※営業時間変更の予定あり
close 日　地下鉄栄駅・伏見駅より各徒歩6分　駐車場なし

48

べら珈琲 栄店

栄・伏見

名古屋人好みの喫茶店とは、ひとつにはこういうお店かもしれない。個性を打ち出した種類豊富なメニュー。きらびやかに輝く装飾品。そして、人。お店で働く人も、ここで出会った長年の常連客も、ともに忘れがたい。

「べら珈琲」は一九七〇年に昭和区で創業し、二〇〇六年にここ栄店をオープンした。インパクトのある店名はギリシャ神話の女神と（一般的にはヘラ？）、社長が好きなアスリートの名前に由来するそう。

まず、メニューが魅力的なのだ。名物ウインナーコーヒーは濃厚な生クリームをこんもりと気前よく浮かべており、運ばれて数分もしないうちにカップからひとすじ溢れ出す。メニューには「混ぜないでそのままお飲みください」という言葉が添えられている。ひと口ごとに生クリームが溶けながらコーヒーの味を変えていき、「一杯のコーヒーで三つの多彩な味を味わっていただけます」。

黒糖パンを使ったサンドイッチはせいろ入りで、ポテトチップスやプリンのお

メニュー　ウインナーコーヒー 500円、サンドイッチ 730円、ランチセット 900円〜　※価格変更の予定あり

まけ付き。さまざまな具が選べて二種類のハーフ&ハーフも可能、焼き加減も好みに調節できるという至れり尽くせりの人気メニューだ。

そんなお店を開店以来ずっと支えているのが店長の益田さん。二度接客した人の顔はだいたい覚え、好みも把握するという素晴らしい記憶力の持ち主だ。

「初めてのご来店の方にはガムシロップをおつけしますか、などとお訊きしますが、帰られた後に容器の状態を確認してお好みを覚え、三度目のご来店になったらあらかじめ調整しますね。卵のゆで加減もお好みに合わせて、殻をむくのが下手な常連さんには、むいてからお出しします」

なんというきめ細かさ！　ある八十代の男性は、近くの会社で働いていた時代から通い始め、退職した現在もなお、電車に乗って週に四日はコーヒーを飲みにやって来る。益田さんが「雨の日は足元が危ないから来ないで」とお願いしても、やっぱり日課を守って来店なさるのだとか。

お目にかかることができたその男性は、「ずっと同じ喫茶店に通い続けるのは当然のこと」とおっしゃった。

お店とのつきあいにも、歳月が醸《かも》し出す味わいがあるのだ。

名物
ウインナーコーヒーの
おいしい飲み方
混ぜないで、そのままお飲み下さい。
コーヒーのダイエット効果について

人はどのようにして喫茶店を選ぶのだろう。名古屋で出会ったある人は「選んでいない」と言った。

「そこに喫茶店がある。だから通りかかったら入る」

達人の域である。お得なコーヒーチケットのある喫茶店に通うという人もいる。お財布には何軒ものコーヒーチケットが入っていて、たまに間違えて出してしまう。

「マスターに『浮気してますね』って言われるんだよね（笑）」

静かな住宅街の一角で、落ち着いた年齢層を中心に親しまれている「珈蔵」。コーヒーチケットは用意さ

49

珈蔵 金山本店

東別院

かくら かなやまほんてん　map...p281-no.06
名古屋市中区金山5-6-7　TEL 052-881-5245
open 7:30〜19:00（LO 18:00）　close 第3月
地下鉄東別院駅・JR金山駅より各徒歩10分　駐車場14台

メニュー　ブレンド、ストレート各種420円〜、サンドイッチ各種520円〜、パンケーキ各種580円〜

れているが、わざわざ遠方から訪れる人も多く、最近では海外からの旅行者も増えているそう。

二〇〇二年に個人が創業した後、二〇〇九年から株式会社に変わり、ここ金山本店のほか、港区にも二号店を出店している。

日替わりコーヒーの愉しみ。午後一時までのモーニングサービス。サンドイッチやトーストの豊富なバリエーション。ウェッジウッドやマイセンなどを揃えたコーヒーカップは、お客さまのイメージに合わせて選ばれる。安心して過ごせる時間が、喫茶王国の水準を教えてくれる。

ジャズきっさゆり　map…p276-no.02
名古屋市東区東桜1-10-40　TEL 052-951-7800
open 12:00〜24:00、日祝12:00〜22:00　close 月
地下鉄栄駅・久屋大通駅5B出口すぐ　駐車場なし

50

JAZZ 喫茶 YURI

栄・久屋大通

メニュー　コーヒー470円、ビール各種700円〜、ピラフ920円、ケーキ各種480円

一九六八年生まれのジャズ喫茶。「音量は下げないけれど自由にお喋りしてください」という姿勢が長年のファンばかりではなく若い人も惹きつけ、お客さまはお昼どき、夕方、夜と、一日に何度か波を作りながら絶えず出入りしている。

二〇一〇年のリニューアルの際には「雰囲気を変えないで！」と多くのお客さまに懇願され、以前のあたたかみを残しながら、さまざまな木材を組み合わせて、音の響きが豊かな空間を作りあげた。

「店じゅうがひとつの楽器になって、お店が鳴るんです」

4章 朝から晩までモーニング

EARLYBIRDS breakfast

51

EARLYBIRDS breakfast

東別院

少しだけ早起きして、カフェから気持ちよくスタートする一日があってもいい。このカフェは伝統的なモーニング文化とはまた異なる文脈で、朝から夕方までアメリカの古き良き朝食を展開している。

「ブレックファストプレート」は、卵、パンまたはビスケット、ソーセージかベーコン、それにカリッと揚げ焼きしたハッシュブラウンを添えたセット。好みの量や調理法が選べる。卵はスクランブル、サニーサイド、ターンオーバー（両面焼き）のいずれか。選ぶのが楽しい。

カフェは名古屋の自転車好きが集

アーリーバーズ ブレックファスト map…p281-no.06
名古屋市中区千代田4-14-20　TEL 052-265-9290
open 7:00～17:00　close 木
地下鉄東別院駅より徒歩7分　駐車場2台（隣の自転車店と共有）

EARLY BIRD

DEAN & DELUCA

メニュー　コーヒー400円、ブレックファストプレート600円〜、ホットサンドイッチ950円〜

まるサイクルショップ「サークルズ」に併設されており、店長の大平恵太さんも自転車乗りのひとり。オーナーは自転車の輸出入のためアメリカ・ポートランドに行く機会が多く、大平さんも時おり同行して、街の自転車や食の文化、DIYの精神を肌で感じてきた。

ひとりでカフェを訪れた者同士が仲よくなって一緒に自転車旅行に出かける。そんなご縁が生まれることも多いそう。「スタートの場所になる飲食店っていいなと思うんです」と大平さん。一日も友情も、カフェから始められる。

52

喫茶モーニング

名古屋

名古屋駅から徒歩数分。戦後の闇市から発展して昭和三十年代に活況を呈した後、今はただ明るい陽射しを浴びてひっそりと静まり返っている駅西銀座通商店街の一角に、たくさんの人の希望を集めた「喫茶モーニング」がオープンした。

ニワトリのロゴに迎えられて入口のガラス戸を開ける。二階建ての長屋は昭和初期には陶器のお店で、改修に改修を重ねながら八十年の月日を生きてきた。

メニューは一日中モーニング！ 飲みものをオーダーすると無料でトーストとサラダ、ゆで卵がついてくる。たくさん食べたい場合は、たとえばドリンク代に百円を追加するとサンドイッチや小倉トーストのセットになる。

自家焙煎コーヒーを注文して、広い二階でいただくことにしたのだけれど、昔ながらの木の階段は一瞬ひるむような急傾斜だった。足元がおぼつかないお客さまの上り下りは、スタッフが手伝うらしい。

「階段がお城みたい、と言われます（笑）」と代表の市野将行さん。

きっさモーニング map...p275-no.01
名古屋市中村区則武2-32-4 TEL 052-451-2800
open 8:00～16:30（LO 16:00） close 火
JR・地下鉄名古屋駅より徒歩7分 駐車場 なし

メニュー コーヒー500円、レギュラーモーニング ドリンク代＋0円、チキンカレー ドリンク代＋200円

「犬山城の天守にのぼる階段がこんな感じなんです」

この喫茶店は商店街の再生に取り組む名古屋市の事業として、ワークショップに集まった人々が話し合いを重ね、人と文化の交流拠点を目指して二〇一九年五月に誕生したばかりだ。

ああ、懐かしいね。そう言って店内を見回す年配の人々も多いそう。カリモクのソファを選んだのは地元の企業であること、昭和時代から変わらないロングライフデザインが、持続可能な社会を願う喫茶モーニングのコンセプトにふさわしいこと。

運営担当の市野さんは、ゲストハウスと「グローカルカフェ」のオーナーでもある。

「駅西の人、名古屋の人、観光客のそれぞれにここで名古屋らしさを楽しんでもらいたい。多様性を受け入れて、みんなの居場所にできれば」

そんなお話を聞いていたら、隣の席でくつろいでいたご近所さんがするりと会話に加わり、商店街の正確な記憶を話してくれた。

ここはまた、ひきこもりの人々の就労訓練の場でもある。きっとお客さまにとっても働く人にとっても、大事な居場所となるに違いない。

53

CAZAN 珈琲店 本店

御器所

緑したたるケヤキの大木と金赤色の看板を目印に、多くのお客さまが訪れる「CAZAN 珈琲店」。

コクとすっきりした後味を両立させたブレンド「カフェ円」をはじめ、スペシャルティコーヒーや健康的なモーニングが支持を集めているのは当然のことかもしれない。ここは創業五十年を超えるロースター「マウンテンコーヒー」が本社の隣に開いた、理想の珈琲店を具現化したような直営店なのだ。

アレンジドリンクや軽食、スイーツも充実しており、定番以外にも次々に季節や流行を敏感に反映した

かざんコーヒーてん ほんてん　map...p287-no.22
名古屋市昭和区台町 2-19　TEL 052-853-3015
open 7:30 〜 20:00（LO 19:30）close 無休
地下鉄御器所駅 4 番出口より徒歩 4 分　駐車場 20 台

新作が登場している。

野菜を食べなくちゃと思う朝には、具だくさんのスープモーニングセットが本当に嬉しい。パプリカや玉ネギの自然な甘み、ベーコンの旨み。満足感の高いスープだ。

新登場の「あんトースト」も魅力的な一品。北海道バターを塗った黄金色のトーストに、升入りの小倉あんが添えられる。上品なあんは千種区の老舗御菓子処「福田屋」が届けてくれるそう。

店名は焙煎の火にちなんで火山のことかと思いきや、「漢字で書けば珈山、珈琲の山です」と、マウンテ

ンコーヒーの二代目社長である岩山隆司さんが気さくに教えてくれた。

珈山を開いた経緯をうかがう。

「父が創業した昭和四十二年当時は、コーヒー専門店が多数ありました。バブル時代にそれらのお店が経済効率優先に変わった挙句、チェーン店に取って代わられてしまった。焙煎業者として、原点に立ち返ったお店を作りたいと思ったんです」

それは敷居の高い専門店ではなくて、女性ひとりでも気軽に入って心づくしのコーヒーを楽しめるお店。

「カウンターでコーヒーを点てるドリッパーが主役で、その周りを固め

メニュー　コーヒー各種 470 円〜、トースト各種 420 円〜、
スープモーニング ドリンク代＋ 210 円、スコーン 280 円〜

る従業員が脇役。お客さまは劇場のチケットを買うようにコーヒーを買い、やわらかな雰囲気の中で自分のために点てられた一杯を楽しむ。そんな考えから始まりました」

舞台を支える骨組みは、コーヒーと空間と接客サービス。それらに加えて、CAZAN 珈琲店はもうひとつ重要な視座をもっている。それはサスティナブルであること。コーヒーを通した環境活動、社会貢献活動に積極的に取り組んでいる。そんな姿勢も含めてファンになった人もいるのではないかと思う。

かとうコーヒーてん　map...p276-no.02
名古屋市東区東桜1-3-2　TEL 052-951-7676
open 7:00 〜 17:00、土日祝 8:00 〜 17:00
close 第3水（15日の場合は翌日お休み）
地下鉄久屋大通駅より徒歩2分　駐車場なし

54

加藤珈琲店

久屋大通

栄駅にも久屋大通駅にも近い便利な立地にあり、行列のできるモーニングとして有名な「加藤珈琲店」。晴天の午前九時過ぎに通りかかると、海外からの観光客も交じった列が春の舗道にのびていた。

喫茶店の朝食のために並ぶなんていう光景が、他の都市にあるだろうか？　もしや人々はこの待ち時間も含めて「名古屋の朝食観光」を楽しんでいるのかもしれないと思いつき、行列の最後尾に参加してみた。

ガラス窓に貼られた四種類のモーニングメニューを眺めて真剣に検討し、「名古屋セット」を注文しよう

メニュー　ブレンド各種 380 円～、モーニングセット各種 380 円～、コーヒーぜんざい 550 円、珈琲ゼリー 430 円

と心に決める。コーヒーとたまご、厚切りライ麦パンの小倉トースト。実際、楽しかったのだ。こぢんまりした空間を見知らぬ人々と共有しながら食べる朝食が。

　コーヒーはサーバーに入れてたっぷり二杯分。加藤珈琲店は早くからスペシャルティコーヒーを直輸入し、高価なCOE*入賞豆を落札してきた。次回はコーヒーを目的に、午後に訪れるのもいいかもしれない。

　親切な店長さんが「コーヒーぜんざいは村上春樹がエッセイに書いていますよ」と本を見せてくれて、たちまち目的がもうひとつ増えた。

*カップ・オブ・エクセレンス。コーヒーの国際品評会。

四分割したトーストの上に自家製あんこ、生クリーム、彩りも美しい四種類の日替わりコンフィチュール。この「シャンティルージュスペシャル」をメニューに加えて以来、「かこ」は昔からの常連客に加えて若い女性が集まるお店になった。

「なんでもないものが絶対においしい、という信念でやってきました」

店主の土屋賞蔵さんはカウンターの中で作業の手を休めずに言った。ケーキが売り切れて、急いで作らねばならないのだ。

土屋さんは一九七二年に会社勤めをやめて喫茶店主になった。「かこ」

55

コーヒーハウス かこ
花車本店　国際センター

メニュー　コーヒー500円、シャンティルージュスペシャル（単品650円、モーニングタイムはドリンク＋350円）、ケーキ各種300円〜

コーヒーハウス かこ はなぐるまほんてん　map...p274-no.01
名古屋市中村区名駅5-16-17 花車ビル南館1F　TEL 052-586-0239
open 7:00〜19:00、土日祝7:00〜17:00　close 無休
地下鉄国際センター駅3番出口より徒歩3分　駐車場なし

とは、この場所で最初に喫茶店を開いた人の愛称。かこさんの急逝後に土屋さんが店内を改装し、名古屋初となる自家焙煎の喫茶店を始めた。

開業以来作り続けてきたオレンジマーマレードは、新鮮なオレンジジュースを絞った後に残る大量の皮を活用する知恵だった。皮の苦みを除くために一週間ほど水にさらし、その間、毎日水替えという工程を欠かさない。

お店がこんなに続くとは思っていなかったと笑うけれど、「なんでもないもの」にはひとつひとつ丁寧な下ごしらえがあるのだ。

カフェドリオン パレット　map…p281-no.08
名古屋市北区大杉1-19-12 SAKUMACHI 商店街内　TEL 052-508-5544
open：11：00～19：00、土日祝 9：00～18：00　close 水
名鉄瀬戸線尼ヶ坂駅高架下　駐車場なし

56

カフェ・ド・リオン・パレット

尼ヶ坂

ここ数年、日本中でパフェへの愛が過熱している。すぐにイメージが思い浮かぶ喫茶店のパフェは、堆《うずたか》いホイップクリームの上にのった缶詰のレッドチェリーと、グラスの底のコーンフレークが懐かしい。それから、パティスリーの技巧を凝らした、繊細で芸術的パフェ。輝くばかりに新鮮で上等な果実が盛り合わされた高級フルーツパーラーのパフェ。

カフェのパフェはお店によって表現がまるで異なり、作り手の個性がよく表れている。

名古屋でパフェといえば、全国に名を知られる「カフェ・ド・リオン」。

メニュー　本日のパフェ各種 1180円〜、コーヒー 500円〜

その魅力はたっぷり使われる旬のフルーツの贅沢さと、圧倒的な「標高」だと思う。背の高いパフェグラスの上に、さらに高く盛り上げられている季節のフルーツの美しさ。胸が高鳴る。

そして、じつは土日祝限定でモーニングサービスがあるのだ。ドリンクを注文すると特製ミニ山食パンとジャム、フルーツを添えたヨーグルト、ミニサラダが付いてくる。

西区那古野にある小さな一号店は行列ができるので、二〇一九年春に誕生したこの三号店まで少し足をのばし、落ち着いて味わいたい。

57

SUNNY FUNNY COFFEE.

荒子（閉店）

「名古屋の人は移動しないんです」と、ある名古屋在住者が言った。

「東京の人はカフェに行こうよと言って、有楽町から電車で二十分かけて渋谷に行ったりするでしょう？」

はい、そういう日もあります。

「名古屋では移動しないんですよ。栄にいたら、栄から出ない。人生もたいがいそうですね。名古屋から出ないで完結させる」

なるほど、としか言えなかった。

栄駅から三十分ばかり電車に乗り、カフェの扉を開ける。

「SUNNY FUNNY COFFEE.」は二〇一六年にオープンした、気持ちの

メニュー　コーヒー各種 450 円〜、モーニング各種 ドリンク＋ 50 円〜、ケーキ各種 500 円〜

サニーファニー コーヒー．　map...p283-no.13
名古屋市中川区好本町 3-42　TEL 052-655-5839
open 9:00 〜 17:00　close 月木＋不定休
あおなみ線荒子駅より徒歩 10 分　駐車場 6 台

いい芝生の庭をもつ一軒家カフェ。可愛い建物は、大通り側から見ると北欧のサマーハウスを思わせる。

オーナーは「コーヒーが好きで、コーヒーとそれに合うお菓子や軽食を楽しみながらのんびりしていただけたらと思って始めました」と語る。

午前十一時までは、飲みものに五十円プラスするとトーストと小倉あん、玉子が付いてくる。私はさらにプラスして、サンドイッチとサラダ付きの朝食。欲張ってパウンドケーキも追加してしまう。

窓の外にも内にも優しい陽光が降り注ぐ、移動した価値のある時間。

カフェドサラ　map...p274-no.01
名古屋市西区那古野 1-30-16　TEL 052-561-5557
open 8:45 〜 16:00、月木 8:45 〜 13:00（12:00 閉店あり）
close 日祝＋不定休
地下鉄国際センター駅 2 番出口より徒歩 5 分　駐車場 4 台

58

カフェ ド SaRa

国際センター

名古屋は第二次世界大戦で熾烈な空襲を受け、名古屋城も名古屋駅も焼失してしまった。ここ四間道《しけみち》は奇跡的に戦火を免れた一帯で、路地のところどころに江戸時代の商家の面影を遺した建物が点在している。

　近年は築百年を超える町家や蔵を改修した飲食店が増えてきたが、その草分け的存在として知られるのが二〇〇〇年にオープンした「カフェ・ド・サラ」。明治時代の町家を再生した店舗は風趣漂う路地にしっとり溶け込み、名古屋市の都市景観賞を受賞している。

「お店を始めた当時は、猫とお年寄

メニュー　炭焼き珈琲400円、スイーツセット800円

りしかいない静かな街でした」と、店主の高野さんは振り返る。

朝、焦茶色の糸屋格子の前にモーニングを求める人々がやって来る。コーヒーにおいしいトーストセットが付いてくるのだ。

蜜柑色のランプがほんのりともる店内で、コーヒーを飲みつつ黒ゴマトーストと黒糖トーストを楽しむ。

モーニングが終わってからもコーヒーには手作りのスイーツセットが付いてくると知り、おまけの気前のよさにちょっと驚いたが、高橋さんいわく「そういうことがしたくてカフェを始めたんです」。

59

リヨン 名駅店 名古屋

名古屋で初めてフルタイムモーニング、つまり一日中モーニングサービスが付いてくるというコペルニクス的転回に挑戦したのは、瑞穂《みずほ》区で一九八五年に創業した「モカ」という喫茶店。ここ「リヨン」はその二号店にあたり、創業者の川合和行さんの息子、正樹さんがマスターとして活躍している。

コーヒーを注文すると六種類のメニューから好きなものを選べて、「一番人気は小倉あんプレスサンドです」とのことだが、その日、朝からあんこを食べ続けてきた私はフルーツプレスサンドをお願いした。軽く焼き色のついたサンドの中身は、缶詰のパインとイチゴジャム。昔懐かしい喫茶店の味がする。

モカの三年後には、リヨンでもフルタイムのサービスをスタート。「名古屋のモーニングは十一時までが相場ですが、父は五分過ぎに来た常連客に『終わりました』と言うのがしのびなかった。お昼にはヒマになるという悩みも抱えていた。それでいろいろ検討して、失敗したら店をやめる覚悟で一日中モー

リヨン めいえきてん map...p274-no.01
名古屋市中村区名駅南1-24-21三井ビル別館B1F TEL 052-551-3865
open 8:00〜18:00 close 無休
近鉄・JR名古屋より徒歩5分 駐車場なし

メニュー　コーヒー430円、定食各種750円〜、カレー各種700円〜、パンケーキ各種480円〜

ニングを始めたんです」

ユニークな挑戦は口伝えにすぐ評判になった。経営努力はそれだけではない。小倉あんは現在に至るまでに五回ほど変更を重ねている。

「最初は有名メーカーのあんを使っていたんですが甘すぎた。一度は自分で作ったこともありますが、ちょうどいいところで火を止めても、冷めるとあんこが羊羹になっていた（笑）。今使っているあんは、トーストにちょうどいい甘さです」

そんな工夫の数々がモーニング喫茶を支えているのだ。

カフェのオーナーが綴る言葉・1

名付けられていない美

文・宮地孝典

読書珈琲リチル店主。愛知県生まれ。書店員として約十年間働く。珈琲について学んだのち「リチル」開業。趣味は国内外の街や路地を散歩すること。

自店のことを自分で〈ブックカフェ〉とうたったことは一度もないが、開業当初からよくそう言われ、はじめは反発していたものの、徐々にどうでもよくなり、今では「そんなようなものです」とお茶を濁《にご》す。

なぜ反発していたかというと、〈ブックカフェ〉という語感があまり好きでないし、そもそもその定義がわからないから。開業から八年が経ち、雑誌の「ブックカフェ特集」に掲載されたこともあるが、やはり今でもわからない。

「本が置いてあるカフェ」なのか。でも多くのカフェには雑誌とか本が多少なりとも置いてある。その量の多寡なのか？　では基準は？　ついでに言えば漫画本や雑誌をたくさん置いてある定食屋などを〈ブック定食屋〉とは言わないだろう。

「本を売っているカフェ」なのか。確かに以前はうちも本の販売を行なっていた。しかし〈ブックカフェ〉と呼ばれている店で販売を行なっていないところも多いと思う。「本を読むカフェ」なのか。だったら本を置いていなくても本を読んでいるお客さまの多い店はチェーン店を含めすべて〈ブックカフェ〉になるはずだ。

曖昧《あいまい》だと思う。だから私は〈ブックカフェ〉と言われると反射的に「その定義は？」と返したくなる。返さないが。

この話に特に着地点はないので、これくらいで切り上げるとして、さて、ひとはなぜわざわざカフェ／喫茶店へ行き本を読むのか。家で読んでいた方がお金もかからないし気楽であろう。

「家だと些事《さじ》に煩《わずら》わされ集中できないから」「おいしい珈琲も一緒に飲みたいから」

理由はまあそれぞれだと思う。私は、〈ゆるやかなつながり〉の存在が大きいのではと考える。

私はあるカルト的人気を誇るビデオゲームが好きで、自店をつくるときそこから少し着想を得た。それは所謂《いわゆる》ＲＰＧ《ロールプレイングゲーム》だ。主人公は独りで暗黒の世界を旅し、仲間はいない。ネット上で偶然つながった見知らぬ誰かと一緒に遊ぶこともできるが、過度なコミュニケーションはないのが特徴である。他のプレイヤーの痕跡がたまにふっと浮きでたり、実際に他人と出会っても簡単なしぐさで気持ちを表現する程度。言葉によるやりとりはない。そしてある程度時間が経てばまた独りに戻る。

ひとが、特に独りで、カフェ／喫茶店に行くとき、〈独りの時間〉と言いながら、その実、〈ひと〉は求めているのではないか。私的領域に無闇《むやみ》に入ってきてほしくはないが、その気配や存在だけは。

うちのような店に来れば、他に本を読んでいる誰かがいる。客がいなくても店主が読んでいる。ある種、同志である。珈琲の香りに包まれ、他の誰かが近くで何かを読み、頁をめくる音がする。たとえ言葉は交わさなくとも、そこには〈ゆるやかなつながり〉がある。

静寂のなか、店に偶然居合わせた何人かの精神の波がぴたりと合う瞬間がまれに訪れる（よくわからないかもしれないけれど本当にあるのです）。形も音もなくただ体感できるだけのそれは、いまだ名付けられていない美であり、店を続ける力にもなっている。

カフェのオーナーが綴る言葉・2

いつしか街は変わっていくけれど

文・美尾りりこ

cafe ロジウラのマタハリ春光乍洩店主。二十〜三十代まで脚本と俳優で演劇に関わる。三十代後半、香港映画に傾倒し、アジア映画店の店長を経た後、cafe ロジウラのマタハリ春光乍洩を夫婦で開店する。

夕暮れ。

カウンターの中でグラスなどを洗いながら、小さな窓に目をやり外を眺める。

たくさんの人が足早に行き交うのが見える。

昔、日が暮れたらこの通りにこんなに人は歩いてはいなかったな。昔と言ってもほんの十数年前。

きっとどの街もそうだと思うけれど、この名古屋もさまざまな変化を迎えつつある。リニア新幹線開通を控え、名古屋駅周辺は昔ながらのビルがひとつずつ解体され、見慣れた風景がいつしか消える。再開発が始まっている。

私が名古屋駅西でカフェを始めた二〇〇一年のこの街は、平成であったが昭和が色濃く残っていた。JR新幹線口から出て右手には予備校と風俗店。左手側は戦後からの市場街。早朝から開く市場は餅屋、魚屋、乾物屋や新鮮な野菜や果物をザルに入れて売っている八百屋が連なり、大豆や黒豆、小豆を売っている雑穀屋は昼でも薄暗く懐かしい粉っぽい匂い。通りはおばちゃんたちの大きな声と売り買いする賑やかさで満ちていた。特に師走の、あの特別な活気と高揚感！

その市場の中には八〇年代から刺激的な映画を上映している映画館シネマスコーレがある。いつも道の角に立ち続けて通りすぎる人を、静かに値踏みしながら時折声をかけている怪しいおばさんやおじさんもいる。

夜、この街は暗かった。飲食店も多くはなく危険な街だとも言われていた。さまざまな人と生活といかがわしさがひしめく変な街だ。

しかし年々、この昭和的な光景は変わっていった。怪しいおばさんとおじさんはもういない。市場の店は一軒ずつ閉まっていき、代わりに新しくできた飲食店のネオンに彩られ、多くの人が食と酔いを求めて行き交う街になった。その明るさが時に寂しい。

街にとどまり続けていると、変化に対してナーヴァスになるときがある。街の変化だけでなく人の流れの変化もそうだ。「最後のランチに来ました」という言葉をもう何度聞いたことだろう。会社や営業所の移転、転職や結婚などによる引越しでお別れを言いに来てくれる人たち。そのたびに胸がキュッとする。けれど、きっとどの店もそうだと思うけれど、そうやって別れた人がまた何年か経ってこの街を訪れ、そして店に寄ってくれることもたくさんあるよね。そのたびに私は静かな幸福感に満たされる。誰かの心の中には、かつて住んでいた街の記憶と共に、さまざまな店で過ごした食や会話、またはひとりの時間の思い出があるのだろう。私たち飲食店にとって何より大事なことは、その場所にとどまり続けて、誰かの心の中にある小さな思い出の場所を守ることかもしれない、とそんなことを時折思う。

カフェは、おいしいごはんと、ここに来てくれる誰かと、今はここにいない誰かの思い出と、待っている私たちでできている。

今夜は、誰に会えるのかな。窓の向こうを見ながらそう思う。

すべてはいつしか変わっていくけれど、それまで私は変わらず、好きなことをしながら好きな人たちをずっと待っていたいと思っている。

コラム　旅先のバーで、カクテルを二杯

名古屋のカフェや喫茶店を取材するために、毎月一週間ずつ各エリアのビジネスホテルに滞在していた。

写真撮影もお店の人へのインタビューもすべて自分ひとりで行なうのが私の通常のスタイル。スケジュールはゆったり組むのだが、朝から何軒かカフェを回ると夕方には頭の中が散らかってきて、心がうまく自分の居場所に着地できなくなる。そんな夜に、滞在中のホテルの近くにいいバーがあると本当に助かる。

一時間ほどの間にカクテルを二杯、バーテンダーと少し会話をして帰る、というのが私にはちょうどいい塩梅。その街についての話や、バーやお酒にまつわる話が聞けたら嬉しい。酔ったお客にむやみに話しかけられるのは困るし、お店の人に過剰に気を遣われるのも、警戒されるのも困ってしまう。

七月の夜に飛び込んだ「BAR Curacao（バーキュラソー）」は、そんな理想通りの一時間を楽しませてくれた。一杯目に作ってもらったホワイトレディはきりりとした輪郭をもち、口の中で芳醇にひろがっていく素晴らしい一杯。

オーナーバーテンダーの小池雅人さんの折り目正しい物腰と穏やかな口調が緊張をやわらげてくれる。小池さんはかつて名古屋・錦にあった名門「オードヴィー」で腕を磨き、「バー・バーンズ」で活躍後、独立したそうだ。

寝酒用にオーダーした二杯目は、無花果をまるごと二個使ったウォッカベースのカクテル。こちらはとろりとした濃密な甘みが魅力的で、私は次の晩もまたBAR Curacaoの扉を開けたのだった。

5章 時には人生はカップ一杯のコーヒーがもたらす暖かさの問題

JIMLAN COFFEE

コーヒーカジタ　map...p282-no.09
名古屋市名東区高社1-229　TEL052-775-5554
open 11:00～19:00（喫茶11:00～18:30）　close 火～金＋不定休
地下鉄一社駅より徒歩4分　駐車場3台

60

COFFEE KAJITA 一社

……ぽとり。お湯の最初の一滴がドリップポットの先端からしたたり落ちて、コーヒーの粉の上に着地する。店主の梶田真二さんは静かな雨を降らせるようにお湯を点滴しながら、時間をかけてコーヒーを抽出していく。途中で何度も顔を近づけて、コーヒーの香りをふかぶかと吸い込む。

香りをチェックするのがドリップの奥義なのだろうか？　だからこんなに芳《ほう》醇《じゅん》で力強いコクを持った一杯が完成するに違いない――と想像したが、実際には梶田さんは生産地ごと、農園や精製法ごとに個性が異なるコーヒー豆の印象を深く記憶に定着させるために、香りを細かく確認していたのだ。

「この豆は焙煎《ばいせん》して三日目にはこんなふうに変化するんだなとか。あるいは、抽出のこの段階でこういう香りが出ているなら、こういう味になるだろうと予測するんです。もし実際に飲んだときに違っていたら、理由を考えます」

きっと彼の頭の中には数十年分の香りのデータが収蔵された、ボルヘスによるバベルの図書館のような記憶の回廊があるのだろう。

「コーヒーカジタ」は二〇〇四年にオープンした自家焙煎のスペシャルティコーヒーとケーキの名店。営業日は週に三日しかないけれど、梶田さん夫妻は休業日も全国のカフェや個人のお客さまのために焙煎や発送の作業にかかりきりだ。

パティシエである妻の智美さんは、毎日欠かさず真二さんが焙煎したコーヒーを何種類か飲んで、そのイメージを膨らませるようにお菓子を考える。

始まりはケーキだったそう。智美さんがケーキのお店を計画していて、二人で開業するために真二さんが焙煎の勉強を始めたのだ。東京の「堀口珈琲」のセミナーに通いながら自身で探究を深め、十年という長い準備期間を経て開店した。

二人の姿を見ていると、善き仕事、という言葉が浮かんでくる。日々、好きな仕事に精魂を込めること、それが人に喜ばれることは、人生の中で最上級の幸せであるように私には思える。多忙な暮らしであるはずなのに、二人が漂わせる空気感がどこかふわっと優しいのは、善き仕事のおかげではないかしら。

夫妻で出張する「コーヒー茶会」には、美しいコーヒー茶箱に道具一式を入れて出かけ、参加者の目の前でコーヒーを点てて喜ばれている。

メニュー　ブレンド各種510円〜、シングルオリジン各種510円〜、ケーキ各種480円〜、焼き菓子各種210円〜

5章 時には人生はカップ一杯のコーヒーがもたらす暖かさの問題

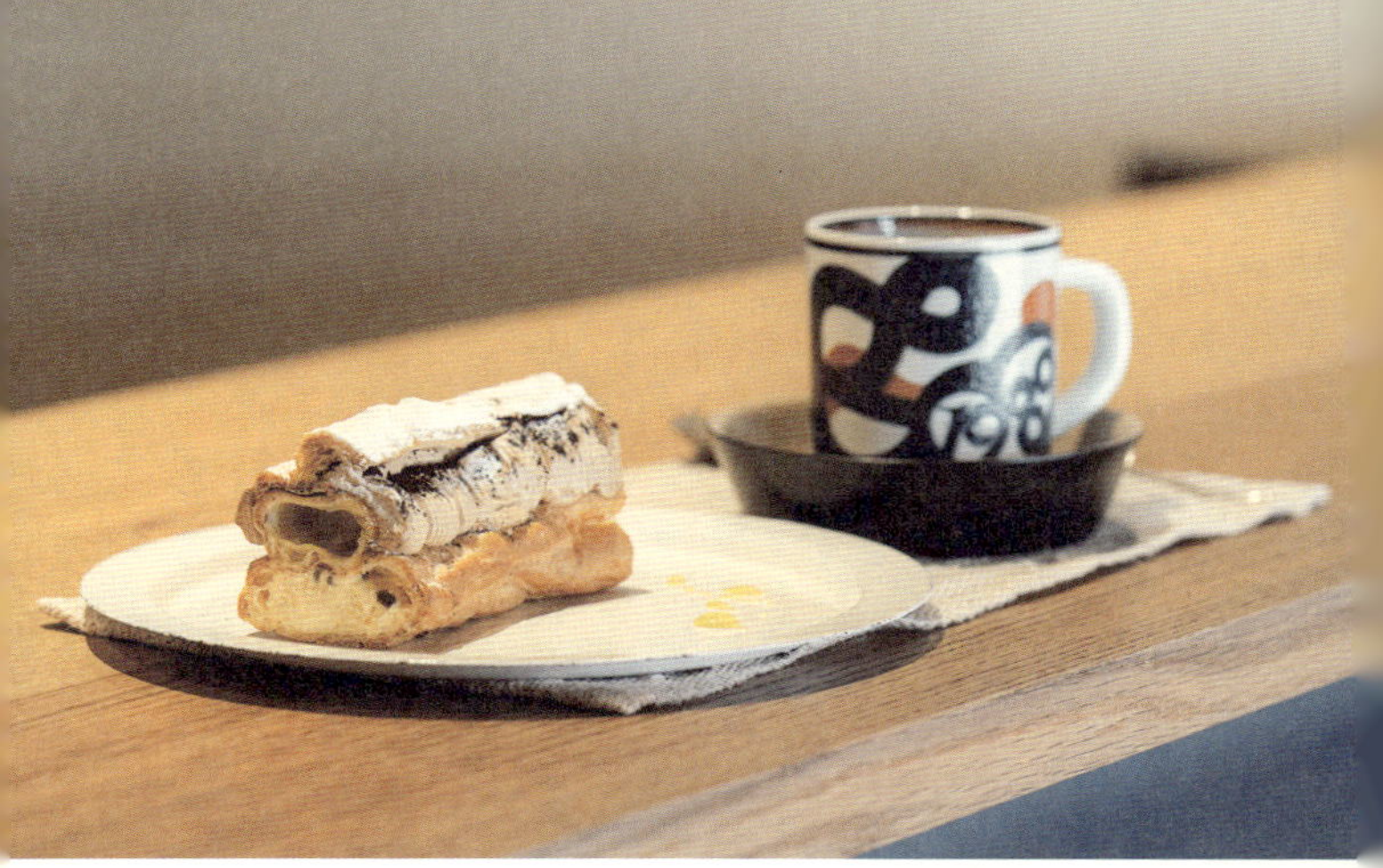

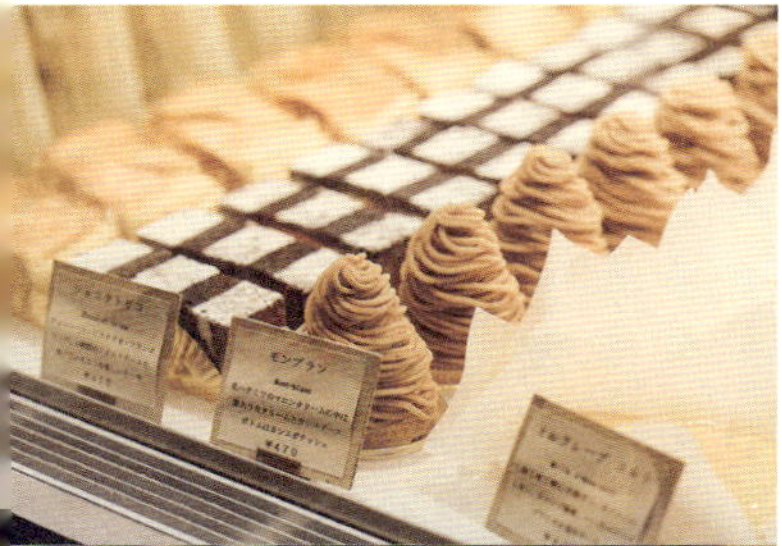

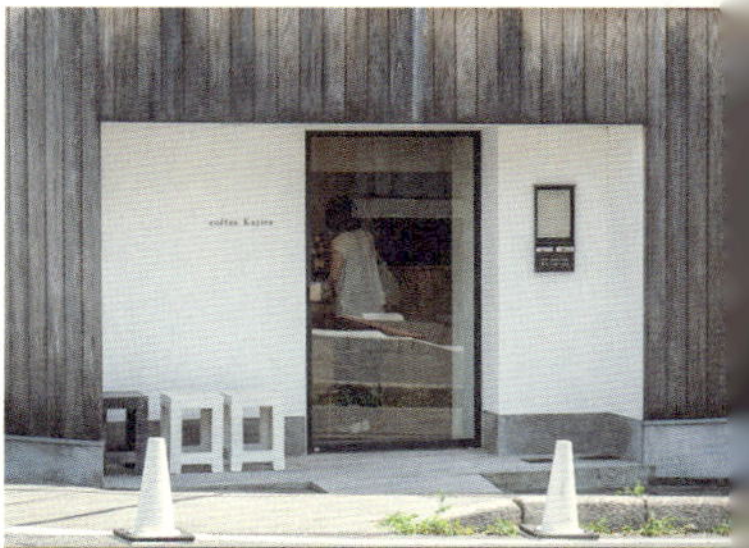

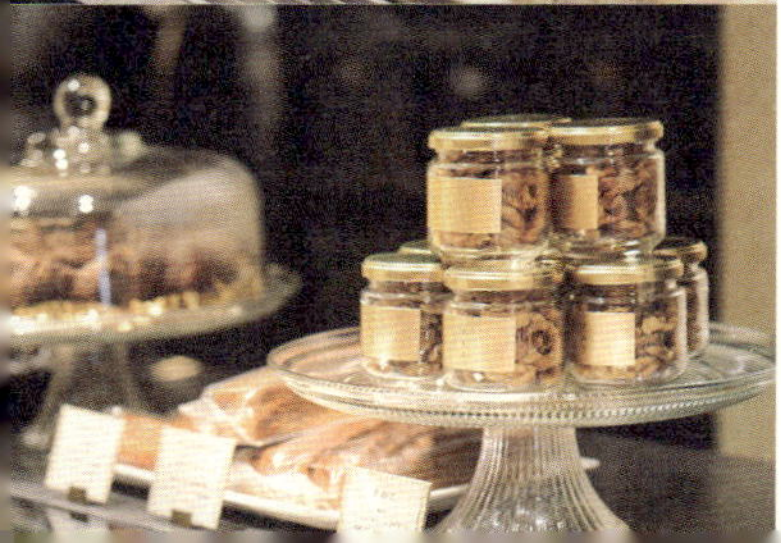

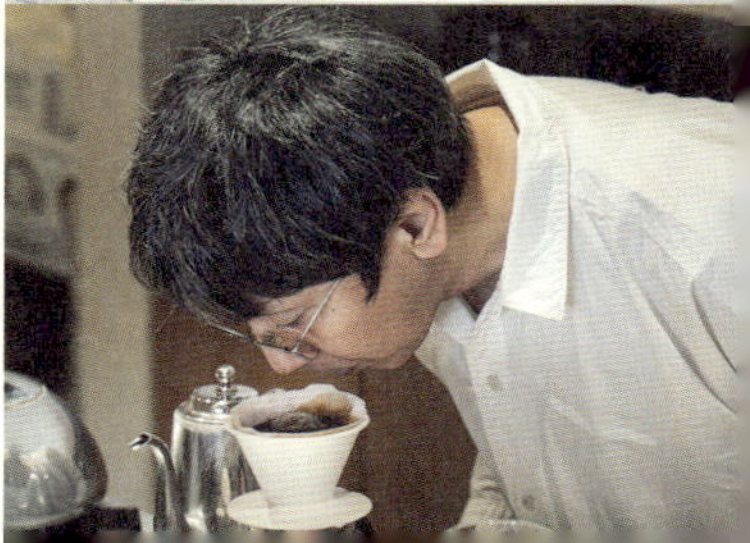

61

TRUNK Coffee & Craft Beer 上前津

「トランクコーヒー」はつねに名古屋のコーヒーシーンに刺激的な新風を吹き込んできた。北欧のヴィンテージ家具の中に焙煎機を置いた高岳店に続いて、二〇一七年にスタートしたのはスペシャルティコーヒーとクラフトビールを提供するカフェ&バー。昭和三十年代の老朽ビルを改修したファサードに、鮮やかなネオンサインが輝いている。

扉を開け、バリスタの快活な声に迎えられて注文カウンターへ。壁の巨大タンクに八つのタップ*が並んでいる光景を見て、ちょっとうきうきしてくる。

その一角だけ見ればクラフトビール専門店そのものだが、一番左のタップは最新のアイスコーヒー「ナイトロコールドブリュー」専用。これで水出しアイスコーヒーに窒素ガスを注入し、きめ細かな泡を作るのだ。バリスタが差し出すコーヒーはさながら黒ビール！　泡と共に、口当たりも色も刻々と変化していく。

受け取ったドリンクを手に一階から三階までのぞいてみて、気に入ったコーナ

＊ビールサーバーの注ぎ口。

トランク コーヒー アンド クラフトビア　map...p280-no.04
名古屋市中区上前津1-3-14　TEL 052-321-6626
open 11:00〜23:00　close 不定休
地下鉄上前津駅6・7番出口より徒歩1分　駐車場なし

TRUNK
COFFEE&CRAFTBEER
Order here!!
SLIDE
EVERY DAY
OPEN
GOOD COFFEE
GOOD BEER
11:00-23:00

ーに腰をおろした。

この店舗が生まれた発端は、いかにもトランクコーヒーらしかった。オーナーの鈴木康夫さんはコーヒーを愛飲者だけの閉じた楽しみに終わらせないために、積極的に異分野の企業とコラボレーションしてきた。長野県の「志賀高原ビール」と共同開発したコーヒービールもそのひとつ。個性豊かなコーヒー豆とビールのホップが、華やかなフレーバーの競演を繰り広げる。

「ビール目的でここへ来た人にコーヒーに興味を持ってもらったり、逆にコーヒー好きの人がビールを試す

メニュー　コーヒー各種450円〜、ナイトロ コールドブリュー650円、クラフトビール各種800円〜、サンドイッチ各種550円〜

きっかけになったり。そんな場所になればいいと思っています」

鈴木さんは愛知県出身。自称、ひねくれ者。「みんなが走っている道を同じように走っても勝てないので、自分の得意な道を探す」ように生きてきた。旅行代理店を退職して北欧へ渡り、コーヒー先進国とされるデンマークで日本人初のバリスタになった。帰国後は東京に進出した「フグレン」*のヘッドバリスタとして活躍し、地元に戻って焙煎担当の田中聖仁さんと二人でトランクコーヒーを立ち上げた。

当時の鈴木さんに聞いた「おいし

*Fuglen（フグレン）：ノルウェーのオスロに本社を持つコーヒーショップ。

Order here!!
1 2 3 4 5 6 7 8

いコーヒーからは良いつながりが生まれる」という信念は、より確かなものになっていた。たとえば、コーヒー熱が高まる中国のバリスタと親交を深めてきたこと。WBrC*で優勝した中国代表のバリスタが「オリガミ」を愛用していたご縁である。オリガミはトランクコーヒーが岐阜県の業務用食器メーカーと共同開発した美濃焼のドリッパー。「コーヒーは世界共通の言語」という鈴木さんの言葉通り、国境や年齢、性別を超えてさまざまな友情が育っているのだ。

高岳の一号店がオープンした当初、お客さまに「モーニングはないの？」と訊かれ続けたそうですが、新しいコーヒー文化は名古屋に定着しましたか？

「状況は大きく変わってはいません。コーヒーはあくまで嗜好品なので、品質が高いからといって百人が百人おいしいと感じるわけではない。でも無理に成長を急いでブームで終わるより、着実に浸透していくほうがいい」

近くに仏壇街があることから、仏壇職人に注文して本漆黒塗りのエスプレッソマシンも制作！　沈金《ちんきん》職人は黒いマルゾッコの表面に鳳凰《ほうおう》とコーヒーの実の紋様を施し、トランクコーヒーのロゴを入れた。華麗な伝統工芸品のようなメイドインナゴヤのエスプレッソマシンに、未来の風が吹いている。

*ワールドブリューワーズカップ。コーヒーの抽出技術を競う世界大会。

La Marzocco

プレスト コーヒー　map…p282-no.09
名古屋市名東区一社1-46-2　TEL 052-977-5331
open 12:00〜18:00　close 月＋不定休
地下鉄一社駅2番出口より徒歩5分　駐車場4台

62 presto coffee 一社

初夏の街角で心身をクールダウンさせてくれる最高の飲みものといえば、私にとってはカフェ・シェケラート。氷を入れたシェーカーにエスプレッソを注ぎ、シェイクして急冷する飲みものだ。

気温が上がった午後、アスファルトの強い照り返しに視界が真っ白になりかけて「プレストコーヒー」に逃げ込んだ。注文はもちろんシェケラート。ワイングラスに注がれた冷たいエスプレッソの美しいほろ苦さと泡のまろやかさが、暑さで溶けていた意識を現実に戻してくれた。

二杯目にエスプレッソマティーニを注文すると、「心して作らせていただきます」と吉岡さんは——そのときはまだお互いに名前を知らなかったが——言った。

二〇一〇年に誕生したプレストコーヒーは、エスプレッソの愉しみに特化したカフェ。カウンターに鎮座するのは白いマルゾッコのエスプレッソマシン。豆は開業六年目から岐阜のコクウ珈琲に依頼している。

メニュー　カフェラテ600円、シェケラート各種700円〜。チーズケーク各種400円、サンドイッチ各種780円〜

コーヒーにはハンドドリップ特有のリズムが、エスプレッソにはマシン抽出ならではのリズムがそれぞれにある、とオーナーバリスタの吉岡利征さんは言う。彼にはエスプレッソのリズムが合っていた。

「素敵なお客さまが来てくださってお店がほどよく活気づくなかで、豆を挽いたりタンピングしたりしていると、リズムにのって自分の中で研ぎ澄まされていく感覚があるんです。そういうときはドリンク作りに集中できると同時に視野も広がっていて、座っているお客さまのグラスの水の減り具合もよく見える」

それはバリスタにとって最も幸福な時間らしい。長距離を走る人がランナーズハイという特別な時間を体験するように、一年に何回か、バリスタズハイとでも呼ぶべき時間があるのだという。そんな状態のカフェを体験したお客さまも幸せだ。

まだ経営が軌道にのらず不安だった頃、ある年輩の男性客に「もし閉店したら自分だけではなく、お店を気に入って来ていたお客も不幸にする」と言われ、お店を持つこと、続けることの責任を自覚した。その大事なお客さまは現在も、週に一度は、必ず来店してくれるそうだ。

ジムラン コーヒー　map…p283-no.12
名古屋市中川区一色新町3-1202　TEL 052-303-4131
open 11:00〜18:00　close 月火（祝日の場合は営業）
近鉄伏屋駅より徒歩20分　駐車場6台

63

JIMLAN COFFEE

伏屋

レコードが回転を始めると、古いJBLのスピーカーからディキシーランドジャズが流れだし、窓辺の焙煎機やカウンターに並ぶヴィンテージのアーコールチェアの間をぬって空間を満たしていく。

「ジムランコーヒー」は静かな住宅街に建つ、洗練された自家焙煎のスペシャルティコーヒー専門店。店名はJBLの創設者に由来する。

青い花模様のグスタフスベリの食器で、ネルドリップのコーヒーとチーズケーキをいただいた。

エスメラルダ農園のゲイシャを口に含んだ次の瞬間、花々の香りが咲

メニュー　ブレンド、シングルオリジン各種500円〜、アレンジコーヒー各種680円〜、焼き菓子各種350円〜

きこぼれて目をみはる。やがてレモン入りの紅茶を思わせる優しい味わいが現れる。

もとはモーニングやランチも提供する地域密着型の喫茶店だったが、店主の西川賢志さんはスペシャルティコーヒーに魅了され、二〇一二年にジムランコーヒーとしてリニューアルした。

「コーヒーとオーディオには細かな違いをつきつめるという共通点がありますが、人から見ればどっちでもいいようなこと（笑）。お客さまにはただおいしいと思って飲んでいただくのが一番嬉しいですね」

64

マルヨシコーヒー　千種

蔦《つた》の葉が揺れる入口に立つ前に、道路の向かいから建物全体を眺め渡すと、みごとな五軒長屋だった。

自家焙煎ビーンズショップ「マルヨシコーヒー」は、築百年というその長屋の一軒を改修して二〇一四年に誕生した。

店主の吉田さんは、入口近くに設置したギーセンの焙煎機につきっきりで焙煎中。三年間、毎月一、二度ずつ東京の堀口珈琲のセミナーに通って味のとらえかたを習得し、焙煎は自分で試行錯誤したそう。

奥にはカフェスペースがあり、天窓の緑ごしに靄《もや》のような光が滲んで

マルヨシコーヒー　map…p286-no.20
名古屋市千種区千種 1-21-6　TEL 052-735-3223
open 11:00 〜 18:00（LO 17:30）　close 水木
JR・地下鉄千種駅より徒歩 10 分　駐車場なし

メニュー　ブレンド・シングル 480 円〜、NY チーズケーキ 450 円、ケーキ各種 390 円〜

いる。焙煎機の中で豆が回転する音を聴きながら、ビルブレンドと夫人が作るガトーバスクを楽しんだ。

吉田さんが理想とする「深みがあり、酸味やコクのバランスがとれた複雑なコーヒー」を目指したのがこの一杯。「ビル・エヴァンスの『Peace Piece』という曲をイメージしてブレンドした」と聞き、美しいピアノの残響をコーヒーの余韻に重ねた。

先入観をもたずに飲んで、自分の好きな味を見つけてほしい、と吉田さん。情報を手放して、ピースフルな香味の響きに身をまかせよう。

カフェ セレーサ　map...p280-no.04
名古屋市中区大須3-27-32　TEL 052-262-6674
open 12:00〜20:00（LO 19:30）、祝 12:00〜18:00（LO 17:30）
close 日＋不定休　地下鉄上前津駅より徒歩5分　駐車場なし

65

CAFE CEREZA　上前津

あらゆる意味で型破りな珈琲店。スピリットの在処《ありか》も、目指す地点も独自の美意識に貫かれている。

暗がりにのびるカウンターには深紅のアートフラワーの花びら。席に座って珈琲をいただいていると、絢《けん》爛《らん》たるマイセンのカップも、自分自身の心も、スポットライトの中にくっきりと浮かび上がっているのが感じ取れる。

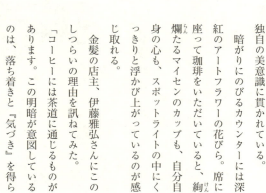

金髪の店主、伊藤雅弘さんにこのしつらいの理由を訊ねてみた。

「コーヒーには茶道に通じるものがあります。この明暗が意図しているのは、落ち着きと『気づき』を得ら

メニュー　中煎り・深煎り珈琲1500円、ストレート各種1000円〜、ひとくちチーズケーキ300円

れること」

たしかにここでは感覚が拓《ひら》かれるかもしれない。常連客の中には瞑想《めいそう》するように過ごす人もいるそう。

伊藤さんの抽出へのこだわりは圧倒的だった。神戸の萩原珈琲店から届く豆を通常の倍量用いて、細かく挽いた粉の上に低温のお湯を点滴しながら、とろりとした甘みと濃厚なコクを引き出していく。焙煎日数の異なる豆を自分でブレンドして香りを重層的にするなど、細部にマニアックなこだわりを凝縮。「コーヒーの常識を覆《くつがえ》したい」というロックな魂が、星のように煌《きら》めいている。

66

KANNON COFFEE 大須観音

初めて「カンノンコーヒー」に出合ったのは鎌倉の長谷観音の門前だった。白を基調とした現代的なインテリアに、暖簾などの懐かしい要素をうまく融合させた、気持ちのいいコーヒースタンドである。

焼き菓子の中に可愛い大仏ビスケットを見つけ、思わず笑ってしまった。「観音さまじゃなくてすみません」と、スタッフも笑顔。一号店は名古屋の大須観音にあると教えてくれた。

大須観音のカンノンコーヒーは、歴史をしのばせる立地にある。明治時代、この一帯は巨大な花街だったのだ。すぐそばの小さな北野神社で、

カンノン コーヒー map...p280-no.04
名古屋市中区大須2-6-22　TEL 052-201-2588
open 11:00～19:00　close 無休
地下鉄大須観音駅より徒歩5分　駐車場なし

メニュー　ブレンド、シングルオリジン各種400円～、自家製ドリンク各種500円～、焼き菓子各種300円～

玉垣に彫り込まれた妓楼《ぎろう》の名前を見つけた。

前身は、料理が好評で行列店となっていた本山のカフェ「ミッテ」。より気軽に、近い距離感で街の人々と触れ合いたいとこの小さなスタンドを開いた。高齢の常連客もよくふらりと立ち寄るそう。

スタッフ手作りのスコーンなどの焼き菓子が並ぶ中に、チャーミングなしゃちほこビスケットを発見！　しっぽをカップのふちにひっかけるのが楽しくて、観光客のみならず地元の人々も手を伸ばしている。

キューオーエル コーヒー　map…p276-no.02
名古屋市中区丸の内3-5-1マジマビル1・2F　TEL 052-746-9134
open 7:30〜19:00、土日9:00〜18:00　close 不定休
地下鉄市役所駅3番出口より徒歩5分　駐車場なし

67

Q.O.L. COFFEE

市役所

交差点の角に見えるブルーの外壁は、一階に焙煎機、二階にゆったりしたテーブル席を設けたロースタリーカフェ。界隈のビジネスマンにも観光客にも愛用されている。
種類豊富なメニューを眺めて、オセアニア系のカフェかしらと思った。かの国々で愛飲されるフラットホワイトやロングブラックが並んでいたから。一方で朝は名古屋喫茶伝統のモーニングもあり、このカフェのルーツに興味が湧いてくる。
「幼少時代から喫茶店をやりたいと思っていたんです」
オーナーの嶋勇也さんは穏やかな

メニュー　ロングブラック500円、フラットホワイト550円、ケーキ各種320円〜、トースト各種350円〜、バーガー各種1100円〜

口調で言った。名古屋で生まれ育ち、加藤珈琲店*に入社して栄店で長年店長として活躍する。

「その頃にバリスタやラテなどのキーワードに出合い、お客さまが喜んでくれるならおいしいラテを作りたいと思って」岐阜のロースターへ転職。そこで視野を大きく広げ、世界有数のコーヒー都市として知られるメルボルンへ飛んだ。バリスタとして働きながら、コーヒーが身近にあるライフスタイルを吸収し、帰国後、二〇一七年にこのお店を開いた。名古屋とメルボルンの個性あるコーヒー文化が、ここで交差している。

＊208ページに掲載。

68

NOTE COFFEE HOUSE
覚王山（店舗閉店、オンライン販売のみ）

街のあちこちで花吹雪が舞い散る頃。香り高いコーヒーで一日を始めたくて、簡素なホテルの朝食をとらずに街へ出た。覚王山駅から地上に出てすぐに「ノートコーヒーハウス」に到着。入口のそばに、遠くから吹き流されてきた桜の花びらがひとひら落ちていた。

自家焙煎するスペシャルティコーヒーに、午前十一時まではトーストとミニサラダの無料モーニングが付いてくる嬉しさ。初来店の小さな緊張をゆるめてくれる女性バリスタの受け答えも心地よくて、食後にレモンの香るケークオシトロンを追加し

ノート コーヒー ハウス　map…p285-no.19
名古屋市千種区山門町2-50-6　TEL 052-762-0177
open 9:00～18:00（LO 17:30）、金土日 9:00～22:00（LO 21:30）
close 月（祝日の場合は営業、翌火休）
地下鉄覚王山駅1番出口より徒歩30秒　駐車場なし
※店舗閉店、オンライン販売のみ

メニュー　ブレンド・シングルオリジン各種500円～、カフェラテ580円、サンドイッチ各種380円～、スイーツ各種350円～

たのだった。

このカフェを開いたのは、東海エリア初のバリスタ養成セミナーを手がけてきたチーム。オーナーの舟戸さんは学生時代はコーヒーが苦手で、もっぱら甘いラテなどを飲んでいたけれど、バリスタの浜地さんが開いたカフェを訪れるようになり、「浜地が淹れたコーヒーだけはおいしく飲めた」のだそう。

二〇一七年の開店当初は、淹れたてのコーヒーを「もっとちんちんに*して」と言う人もいたが、今では豆の購入者も増えた。高品質なコーヒーは暮らしに定着しつつあるのだ。

＊「熱い」を意味する名古屋の方言。

69

OVER COFFEE AND ESPRESSO　金山

金山は名古屋の副都心。ＪＲと名鉄、地下鉄が集結する交通至便な街――という事実を、名古屋市民以外はあまり知らないと思うが、転勤族が暮らし、出張中のビジネスマンが行きかうこのエリアに、二〇一八年秋、街にふさわしいコーヒースタンドが誕生した。

一号店である津島市の「OVER COFFEE」と同様に、豆は県内外のロースターからセレクトしたバラエティ豊かなスペシャルティコーヒー。ここ二号店はエスプレッソをベースに、ラテやアメリカーノを楽しませてくれる。

オーバーコーヒー アンド エスプレッソ　map…p281-no.06
名古屋市熱田区金山町１-11-6 加藤ビル２Ｆ　TEL 052-211-7078
open 11:00〜23:00（LO 22:30）　close 水＋第１木
JR・名鉄・地下鉄金山駅南口より徒歩３分　駐車場なし
※「STAND by OVERCOFFEE」としてリニューアル

メニュー　カフェラテ556円〜、クラフトビール各種800円〜、焼き菓子各種325円〜

メインは群馬県の「tonbi coffee」の深煎りブレンドだが、驚いたことに、すべてのドリンクは豆を指定することができる。嬉しい仕組みだが、「伝えたいのはコーヒーだけじゃない」と、毎日カウンターに立つ小平治樹さんは言う。

「ここはコーヒーを媒介として人と人がつながる場所です」

小平さんとの会話を楽しみに、仕事帰りや乗り換えの途中で立ち寄る常連客も多く、時には店内に名古屋出身者がひとりもいないという場面もあるそう。多様な人々が集まるターミナル駅のようなスタンドなのだ。

70

mill

上前津・大須観音

東海地方の公園には富士山を象《かたど》ったすべり台が多いらしく、大須の裏門前公園にも薄ピンク色の富士山がのほほんとそびえている。

「ミル」は公園のそばに二〇一八年にオープンしたコーヒーショップ。外観も店内もシンプルに白く、いつもポケットに入れておきたい清潔な白いハンカチを思わせる。

カウンターに立つのは店主の村上妙子さん。三ヵ月間のサンフランシスコ生活を通して、人々が毎日カフェに行く習慣を持っており、コーヒー文化が街に浸透している光景に強い印象を受けていた。

ミル　map…p280-no.04
名古屋市中区大須3-13-9　TEL 052-265-5756
open 7:00〜11:30、12:30〜19:00、土 8:00〜19:00、日 8:00〜17:00
close 水＋第3木
地下鉄上前津駅より徒歩6分　駐車場なし

メニュー　本日のコーヒー350円、カフェラテ400円、チャイラテ450円、焼き菓子各種350円〜

イメージしたのはそんなサンフランシスコのカフェ。地元に溶け込むように、「見た目は新しいけれど、やっていることは名古屋の伝統的な喫茶店と同じ」というスタイルだ。

「モーニングはやるもの、と最初から決めていました」と村上さん。豆は地元で愛飲されてきたボンタインの「那古やブレンド」が中心。

コーヒーには人生に活力を与えるパワーがあると思う、という彼女の言葉通り、界隈のアパレルショップのスタッフも、昔からの住民も、一杯のコーヒーと何気ない会話を楽しみにミルの扉を開けるのだ。

きっさクロカワ　map…p287-no.23
名古屋市中区千代田5-8-27　TEL 052-684-6363
open 12:00～19:30　close 月火（祝日の場合は営業）
JR・地下鉄鶴舞駅より徒歩7分　駐車場なし

71

喫茶クロカワ

鶴舞

一九六〇年代のモダニズム建築を改修した、一種独特の気配が漂う空間の中で、黒川哲二さんは静かにコーヒーを点てている。メニューには自家焙煎のコーヒー数種類と、自家製シロップを使ったドリンク、手作りの小さなお菓子。

飲食店の魅力とは不思議なもので、早くみんなに伝えたくなるお店と、大切に利用してくれそうな人だけにそっと耳打ちしたいお店の二種類がある。「喫茶クロカワ」は私にとって後者の代表のような存在なのだが、もちろんそれはお客の身勝手にすぎない。インテリアのコンセプトは「学校」。黒川さんは物柔らかな口調で「学校は本来、誰にでも居場所があるところ」と語った。だから珈琲専門店ではなく、喫茶を店名に冠したのだ。

ファサードにはカナダの商社「ANDREWS & GEORGE CO.INC.」の古めかしいロゴが遺されている。レーモンド設計事務所が手がけたこの建物を一目で気に入った黒川さんは、改修を始める前にアントニン・レーモンド*の建築を見て回っ

*チェコ出身の建築家。1919年、旧帝国ホテル建設にあたりフランク・ロイド・ライトの助手として来日した。

5章 時には人生はカップ一杯のコーヒーがもたらす暖かさの問題

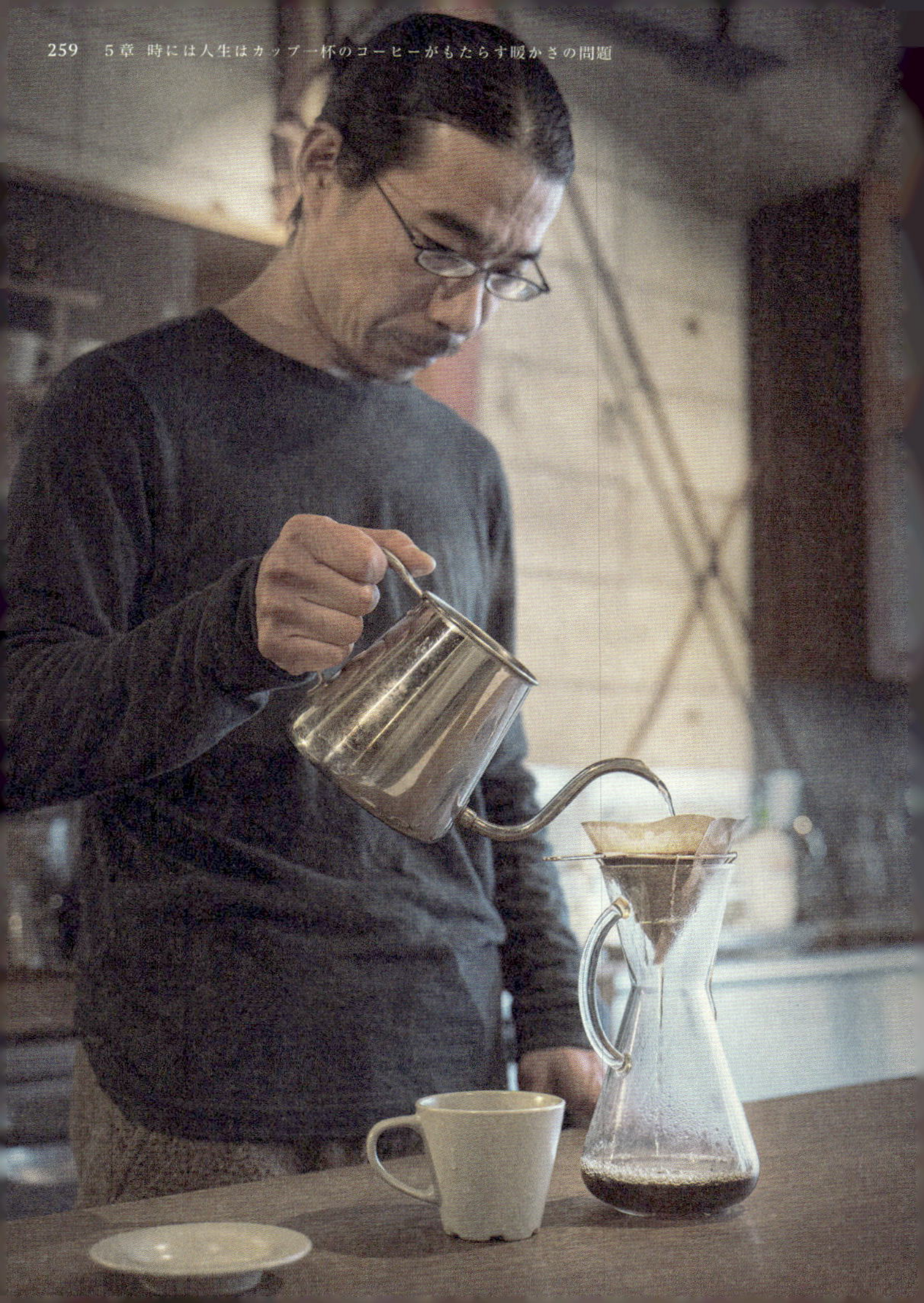

た。南山大学をはじめ、主に大学建築が多かったことから自然に浮かんできたテーマが「学校」だった。

一年という時間を要したセルフリノベーションには、友人知人がこぞって手を貸してくれたそう。労力の多くは、後年の人々が壁に塗り重ねたペンキや、何重にも敷かれた絨毯《じゅうたん》をひたすら剥がして、できるだけ元の姿に戻すために使われた。かつて小学校で使われていた椅子も再生し、シンプルだけれど質感の豊かな喫茶空間が完成した。

むきだしのコンクリートブロックと鉄骨の躯体が、静謐《せいひつ》な時間を見守

メニュー　コーヒー各種500円〜、水だしコーヒー550円〜、クレームブリュレ250円、自家製シロップのかき氷（夏季限定）700円〜

っている。天井の梁《はり》を眺めながら、喫茶クロカワの原点にもがっしりした骨格があるのだろうと思った。

自宅でコーヒー豆を挽いてのんびりと飲む習慣を愛してきた黒川さんだが、三ヵ月のアフリカ旅行中に訪れたコーヒー発祥の地、エチオピアのコーヒーセレモニーの記憶は、帰国後も発酵を続けていた。

「現地の人が招待してくれて。質のいいコーヒー豆は手に入らないのですが、茶道のお点前のような儀式があり、自分たちで煎りながら時間をかけて三杯ふるまってくれた。そのときに、おいしい、おいしくないを

ANDREWS & GEORGE CO. INC

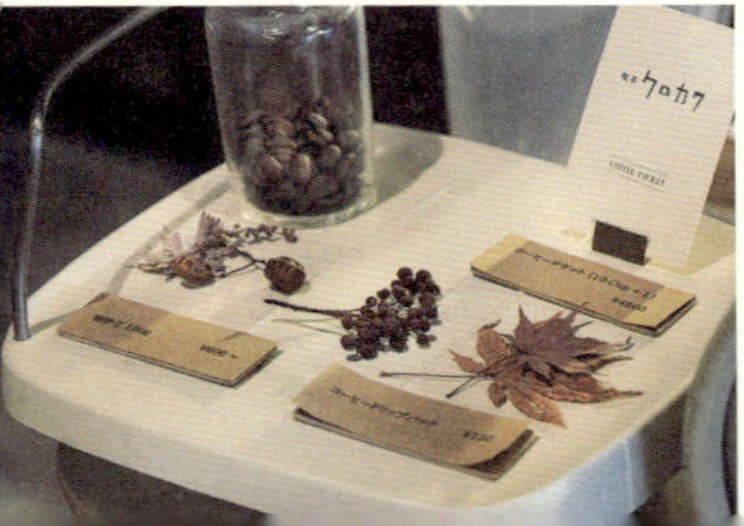

超えたコーヒーの魅力を感じたんです」

大学卒業後の十年間、就職して資金を貯めては旅に出ることを繰り返してきたが、帰国後にエチオピアで購入した豆をイベントで抽出、販売したことをきっかけに、コーヒーを深めることを決意。手網焙煎から始めて、東京・巣鴨のコーノ式焙煎塾で焙煎の基礎を学んだ後、自分で試行錯誤を繰り返して二〇一四年に喫茶をオープン。準備期間は十年に及んでいた。

お店の奥にはフジローヤルの直火式焙煎機が置かれている。求めるのは立体感があって甘みやコクが際立つ一杯。そのために主にナチュラル精製の豆を選び、深めの中煎りから深煎りまで、豆に合わせて焙煎度合いを変えている。

黒川さん流の抽出法は独特で、目の前で淀みなく進行するプロセスに見とれてしまう。松屋式*ドリッパーを使って、葡萄色の液体をじっくりとケメックスの底に滴《したた》らせていく。最後にほんの数滴加えるお湯は、何かのおまじない……？

意味があります、と黒川さんは笑っている。

それは心をとらえて離さない一杯だ。そのほろ苦さと甘さ、キケ・シネシが弾くギターの音色に包まれて、遠くにある何かを思い出しそうになっている。

*264ページに掲載。

Kalita

72

松屋コーヒー本店　CAFE LE PIN

上前津

名古屋の喫茶店を支えてきた百年企業「松屋コーヒー本店」は、一九〇九年、明治時代に大須で創業した。その時代の東京といえば、ブラジル政府からコーヒー豆の提供を受けた「カフェーパウリスタ」が開業し、日本初の本格的なカフェ「カフェー・プランタン」に黒田清輝や永井荷風らが集《つど》い始めた頃。ともに一九一一年のことである。

大正時代に入ると松屋はコーヒー豆の卸を本業とし、昭和初期には喫茶店も開業したが、第二次世界大戦の激しい空襲で焼失してしまう。戦後、コーヒー豆が入手困難な中で再建。高度経済成長期の喫茶店ブームを背景に、開業支援も含めて事業を拡大していった。

そんな百年に思いを馳せながら、大須本店の「CAFE LE PIN」でエチオピア・イルガチョフを楽しんだ。ルパンとはフランス語で松の木のこと。二〇一八年にリニューアルして席数が二十席ほど増えている。

まつやコーヒーほんてん カフェルパン　map…p280-no.04
名古屋市中区大須3-30-59　TEL 052-251-1601
open 9:00～19:30（LO 19:00）　close 無休
地下鉄上前津駅より徒歩4分　駐車場なし

メニュー　ブレンド、ストレート各種440円～、珈琲ぜんざい550円、ケーキ各種440円～、ランチ各種1050円～

ランチメニューも充実しているが、コーヒー好きならぜひ朝、または午後三時以降にどうぞ。五十種類以上揃えた豆から好きな銘柄を選んで、松屋式ドリップで抽出された一杯を味わうことができる。その旨みと素晴らしい透明感は、ひとくち飲んだ瞬間に、あ、と驚くレベルだ。

三代目社長の松下和義さんが、目の前で松屋式ドリップを見せてくださった。コーヒー粉の膨らみを妨げないワイヤー製の「ホルダー」と、ミシンで一枚ずつ縫い合わせた三角錐のペーパーフィルターは、和義さんの父、眞さんが一九六二年に考案したもの。

「経験則から生まれた抽出器具が理屈にかなっていたことが、最近、科学的に証明されています」と和義さん。

三十センチの高さから巧みにお湯を注いでコーヒーの粉をまんべんなく湿らせていき、充分に蒸らしてから旨みだけを抽出する。雑味を出さないために、全体の半量までコーヒーが滴り落ちたら抽出をやめ、お湯をさして仕上げる。

極上の旨み。そして、天使の羽がはえているような透き通った一杯の完成である。さっそく自宅で再現しようと試みたのだが、特訓が必要だった！

CAFÉ LE PIN

びぎん　map…p278-no.03
名古屋市中区栄3-4-26　TEL 052-241-6952
open 11:30〜20:00（LO 19:40）　close 日＋第3月
地下鉄栄駅より徒歩5分　駐車場なし

73

びぎん

栄

加藤壮風さんは「びぎん」の三代目店主。朝六時半にはお店に来てラッキーの直火式焙煎機に火を入れ、焙煎を始める。

私が初めてびぎんを訪れた頃はまだ壮風さんの父である加藤隆さんがカウンターに立っていて、注文したデミタスをネルで抽出した後、さまざまなお話を聞かせてくれた。

びぎんが食事のあるお店から「珈琲だけの店」に変わったのは一九七四年のこと。以来半世紀近く、すっきりした、しかし飲みごたえのある深い味が常連客に愛されてきた。

店名のこと。伝説の名店「もか」

メニュー　ブレンド各種450円〜、ストレート各種500円〜、カフェオレ550円、琥珀の雫480円

の店主、標交紀さんとの交流。標さんの「珈琲に命をかけた」人生から受けた影響。そのとき、壮風さんはカウンターの中で黙々と珈琲豆のハンドピックを続けていた。

十八歳の時から十年間父親の仕事を手伝い、一度レストラン勤務などを経験してから戻ってきた壮風さん。淡々と「珈琲に命をかけたりはしません」と語りながらも、自分自身の珈琲探究を深めている。

「努力は途中でやめたら努力ではない」という壮風さんの言葉を反芻《はんすう》しつつ、深みのある一杯を楽しんだ。次回は氷点抽出珈琲を飲まねば。

74

PEGGY 珈琲 本店

池下

地元のコーヒー好きに教えてもらった「ペギー珈琲本店」。ゆったりした椅子に座って待っていると、注文したコスタリカのコーヒーと、バターがしみ込んだ厚切りトーストが運ばれてきた。この上なくシンプル、そして完璧なおいしさに、一気に満ち足りた気持ちになる。

店主の安島徳尚さんは「父の漬物屋を継ぐのがいやで」一九八一年に創業し、自家焙煎の喫茶店が少なかった名古屋でその先駆け的存在となった。開業前に東京へ赴き、十一房珈琲店の焙煎機を借りていた珈琲店で基礎を学ばせてもらい、あとは実

ペギーコーヒーほんてん　map...p285-no.19
名古屋市千種区若水3-30-2　TEL 052-722-9726
open 10:00～19:00　close 水
地下鉄池下駅より徒歩10分　駐車場6台

メニュー　ブレンド、シングルオリジン各種450円～、カフェオレ550円、レアチーズケーキ350円、トースト各種300円～

地で技術を磨いたという。

二〇一七年にリニューアルして席数を減らし、最新のスペシャルティコーヒーショップの店構えになった。新しく導入したプロバット社の焙煎機は、「生豆の品質が向上した現代の時流に添った、口あたりの柔らかい、農園主の意向を反映した味作りに向いている」という。

「砂糖とミルクを入れる前に、ひと口と言わず、ちょっとがんばってカップ一杯飲んでみてください。自然な甘みやフルーツ感の世界を知ってほしい。女房にそう言ったら『小うるさいことを言わないで』と（笑）」

きりょうかん　map…p284-no.14
名古屋市天白区島田1-906　TEL 052-803-5252
open 9:00～20:00　close 月＋第3火
地下鉄植田駅よりバス植田11系統に乗り「島田」下車し徒歩2分
駐車場11台

75

寄鷺館

植田よりバス

一九七五年に開業した「寄鷺館」の小さな焙煎室では、今や貴重な年代物、富士珈琲機械製作所の直火式焙煎機が活躍している。すでに温度計は壊れており、店主の牧義兼さんは豆の色ではなく、はぜる音をよりどころに焙煎を繰り返す。

バッハのピアノが流れる店内で、ネルドリップのコーヒーをいただいた。優しい苦みを含んだ液体が喉をするりと通り抜け、爽やかさだけを残して消えていく。

「苦みの質が大事。快い苦みは頭脳にも胃にもいい」と牧さん。

「焙煎が間違っていると、飲んだ後

メニュー　ブレンド、ストレート各種400円〜、バリエーションコーヒー各種450円〜、トースト各種320円〜

にだるくなるとか、何かしら体に作用が現われる。理想は頭寒足熱《ずかんそくねつ》になるコーヒーじゃないかな」

珈琲が作り出す「気」の動きを追究し続けて、もはやコーヒーの仙人の域。東京の自家焙煎の名店「もか」や「ランブル」にインスパイアされて苦みを追い求めるうちに、独自に東洋哲学の森に分け入った。見せていただいた『老子』や古武術の本には、余白に書き込みがびっしり。老荘思想をコーヒーや焙煎の比喩として読み解いているのだ。

常連客たちは頓着せずに談笑を楽しんでいる。とても素敵な光景だ。

名古屋カフェ map

［map01：名古屋駅周辺］

西枇杷島
喫茶ゾウメシ
(P170)
ノリタケの森
(CAFE DIAMOND DAYS)
(P87)
ノリタケの森
笈瀬川筋
日陶神社
笈瀬中学校
本陣通2
外堀通り
亀島
地下鉄東山線
亀島
輪の内町
200
亀島公園
亀島ふれあい公園
JR東海道本線
名鉄名古屋本線
名鉄通り
早苗公園
ヤマナカ
名古屋ルーセントタワー
リッチモンドホテル
炭の湯ホテル
東海道新幹線
ほのか小学校
中村郡道
環状線
KITTE名古屋
代々木ゼミナール
則武本通2
JRゲートタワー
名鉄イン
清正公通り
JRセントラルタワーズ
タカシマヤ
水野神社
太閤通口
JR東海道本線
名古屋
名古屋
名古屋
喫茶モーニング(P200)
名鉄ニューグランドホテル
則武本通3
昭和通り
椿神社前
cafe ロジウラのマタハリ 春光乍洩
(P62・移転)
名鉄名古屋線
中村区役所
喫茶River
(P166)
名古屋
増子記念病院
中村区役所
地下鉄桜通線
68
太閤通り
中村警察署

［map02：栄北］

市役所
名古屋市役所
愛知県庁
地下鉄名城線
名古屋国税局
名鉄瀬戸線
名古屋市
市政資料館
ウィルあいち
主税町公園
珈琲 門
(P186)
橦木館
(SHUMOKU CAFE)
(P83)
山吹小学校
山吹谷公園
外堀通り
大津橋
東片端
Q.O.L. COFFEE
(P250)
ヤマト運輸
東片端南
ボンボン
(P178)
出光GS
七小公園
空港線
高岳北
大津通り
久屋大通公園
久屋大通り
ファミリーマート
名古屋高速都心環状線
ガスト
デニーズ
トヨタホーム名古屋
サンモリッツ
スターバックスコーヒー
桜通り
地下鉄桜通線
高岳
久屋大通
桜通泉1
加藤珈琲店 (P208)
東急ハンズ
JAZZ喫茶YURI
(P194)
冨士中学校
名古屋テレビ塔
カフェ ヴァンサンヌ ドゥ (P124)
伊勢町通り
オアシス21
栄町
東桜小学校
愛知芸術文化センター
テレピアホール
栄公園
希望の広場
錦通り
東新町北
栄
地下鉄東山線
中電ホール
サンシャインサカエ
武平通り
広小路通り
東栄通り
東新町
中区役所
名古屋東急ホテル
メルサ
三越

名古屋能楽堂
名城公園
名城公園彫刻の庭
215
名古屋法務局
名城病院
愛知県警察本部
名古屋地方裁判所
愛知県庁西庁舎
愛知縣護國神社
名古屋西郵便局
丸の内中学校
中日新聞名古屋本社
愛知県図書館
堀川
外堀通り
名古屋高速都心環状線
名古屋東照宮
名城小学校
新御園橋
那古野神社
本町公園
御園通り
桑名町通り
京町通り
長者町通り
本町通り
七間町通り
呉服町通り
皆戸通り
魚ノ棚通り
珈琲専門店 蘭
(P182)
丸の内
長島町通り
杉ノ町通り
22
19
地下鉄桜通線
丸の内
桜通本町
桜通り
日銀前
日本銀行
伝馬町通り
地下鉄舞鶴線
伊予銀行
伏見通り
袋町通り
御園小学校
本重町通り
LAMP LIGHT BOOKS CAFE (P82)
下園公園
地下鉄東山線
錦通り
伏見
べら珈琲 栄店
(P188)
伏見
広小路本町
広小路通り
60

［map03：栄南］

オアシス21
名鉄瀬戸線
栄町
希望の広場
錦通り
栄
伊勢町通り
本重町通り
地下鉄東山線
サンシャインサカエ
べら珈琲 栄店
(P188)
武平通り
広小路通り
広小路本町
中区役所
メルサ
三越
びぎん(P268)
名古屋栄ワシントンホテルプラザ
名古屋ラシック
愛の広場
久屋大通り
本町通り
七間町通り
呉服町通り
久屋大通り
松坂屋北館
地下鉄名城線
ナディアパーク
松坂屋
Maison YWE(P134)
久屋大通公園
矢場公園
松坂屋南館
矢場町
パルコ西館
光の広場
パルコ東館
若宮八幡社
政秀寺
パルコ南館
矢場町
若宮大通り
名古屋高速2号東山線
若宮大通り
名古屋中郵便局
矢場町
裏門前公園
久屋大通庭園フラリエ
mill(P256)
大津通り

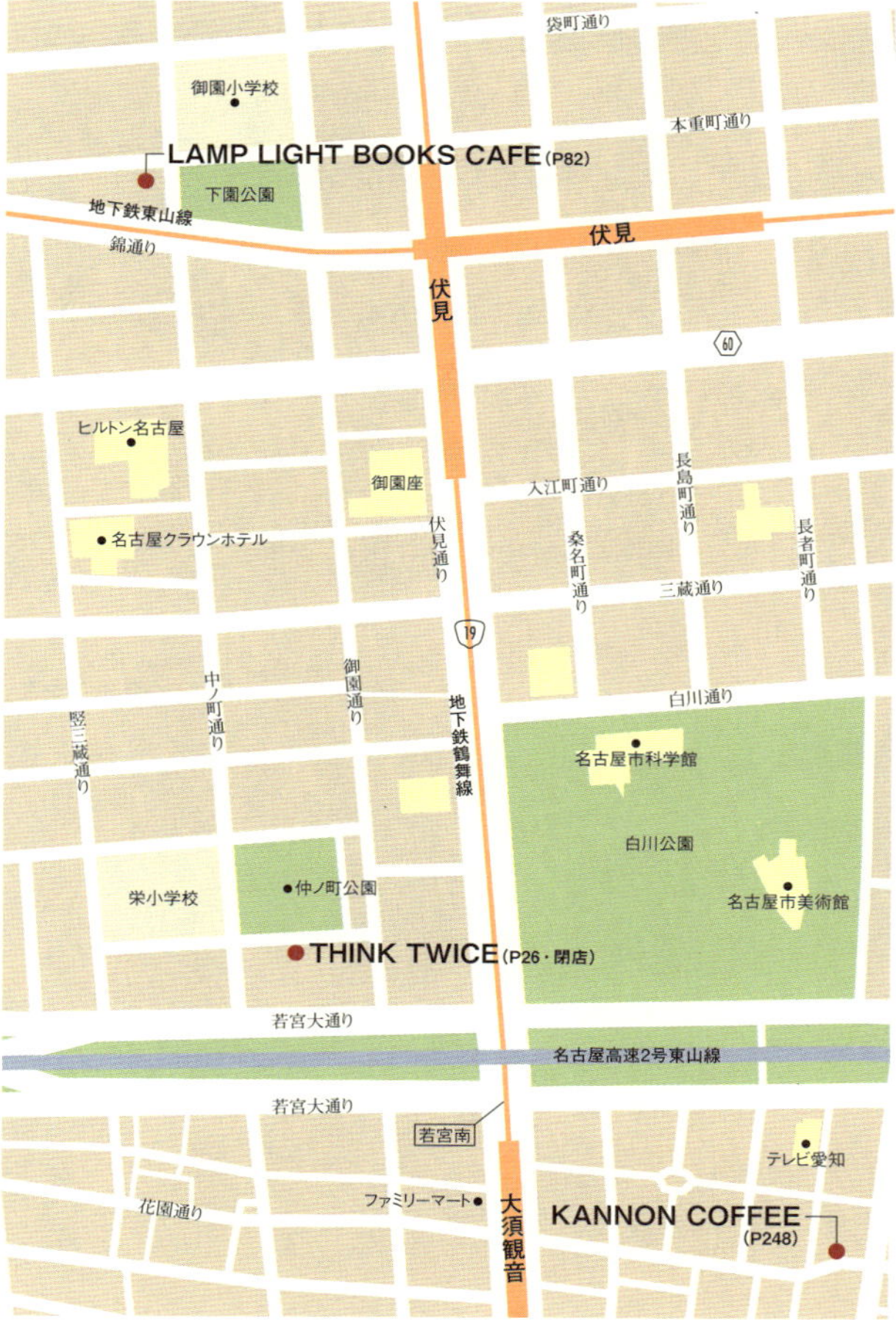

袋町通り
御園小学校
本重町通り
LAMP LIGHT BOOKS CAFE (P82)
下園公園
地下鉄東山線
錦通り
伏見
伏見
60
ヒルトン名古屋
御園座
入江町通り
長島町通り
名古屋クラウンホテル
伏見通り
桑名町通り
長者町通り
三蔵通り
19
御園通り
中ノ町通り
地下鉄鶴舞線
白川通り
竪三蔵通り
名古屋市科学館
白川公園
栄小学校
仲ノ町公園
名古屋市美術館
THINK TWICE (P26・閉店)
若宮大通り
名古屋高速2号東山線
若宮大通り
若宮南
テレビ愛知
花園通り
ファミリーマート
大須観音
KANNON COFFEE (P248)

［map04：大須観音駅〜上前津駅／中区］

［map05：車道駅／東区］

［map06：金山駅～東別院駅／昭和区～熱田区～中区］

［map08：尼ヶ坂駅／北区］

［map07：有松駅／緑区］

［map09：星が丘駅～一社駅／名東区～千種区］

［map11：藤が丘駅／名東区］

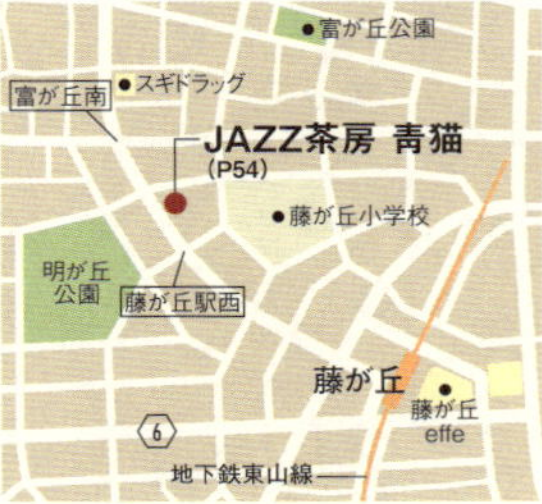

［map10：本郷駅／名東区］

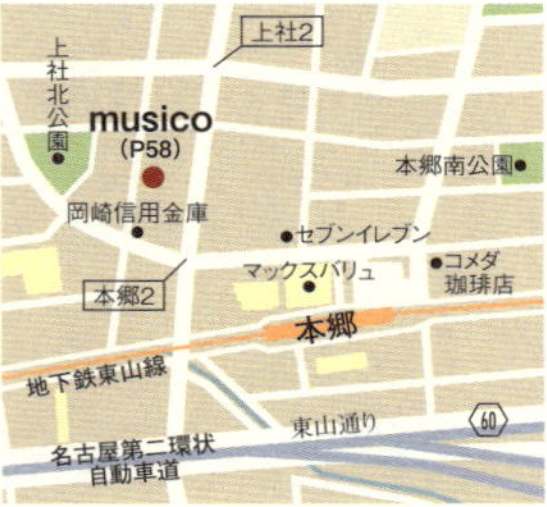

［map12：伏屋駅／中川区］

［map13：荒子駅／中川区］

［map14：植田駅／天白区］

＊寄鷺館は、植田駅からバスが便利です。（植田駅から徒歩ですと約 20 分）
＊ VAGOT BREADFACTORY は、地下鉄植田駅・野並駅からバスが便利です。

［map16：平針駅／天白区］

［map15：八事駅／天白区］

［map18：新栄町駅／中区］

［map17：川名駅／昭和区］

［map19：覚王山駅～池下駅／千種区］

［map20：今池駅〜千種駅／千種区］

［map21：本山駅／千種区〜昭和区］

[map22：荒畑駅〜御器所駅／昭和区]

[map23：鶴舞駅／中区〜昭和区]

＊本書に掲載している情報は、すべて2019年10月現在のものです。最新の情報はお店にご確認ください。

＊価格表記に関しては、基本的にはイートイン価格、または税抜表示としています。

＊本書の「珈琲」「コーヒー」の使い分けは、お店の表記に従っています。

＊本書は、祥伝社黄金文庫のために書き下ろされました。

祥伝社黄金文庫

名古屋《なごや》カフェ散歩《さんぽ》
喫茶《きっさ》ワンダーランド

令和 元 年11月30日　初版第1刷発行
令和 7 年 2 月10日　　　第2刷発行

著　者　川口葉子《かわぐちようこ》

発行者　辻 浩明

発行所　祥伝社《しょうでんしゃ》

〒101－8701
東京都千代田区神田神保町 3－3
電話　03（3265）2084（編集）
電話　03（3265）2081（販売）
電話　03（3265）3622（製作）
www.shodensha.co.jp/

印刷所　堀内印刷

製本所　ナショナル製本

Printed in Japan　© 2019, Yoko Kawaguchi　ISBN978-4-396-31769-0 C0195